세상에 대하여
우리가
더잘 알아야 할
교양

75

지은이 소개

지은이 김재명

지난 20년 동안 국제분쟁 전문가로서 시리아를 비롯한 중동 지역, 발칸반도, 서아프리카, 중남미, 동남아시아의 여러 분쟁 지역을 취재 보도해왔다. 서울대학교에서 철학을 공부했고, 뉴욕시립대 국제정치학 박사과정을 거쳐 국민대학교에서 정치학박사를 받았다. 경향신문과 중앙일보 기자로 일했다. 지금은 인터넷 언론인 《프레시안》 국제분쟁 전문기자로 일하면서, 성공회대학교 겸임교수로 학생들을 가르치고 있다. 지은 책으로는 세더잘 57 《시리아 전쟁, 21세기 지구촌의 최대 유혈분쟁》《오늘의 세계 분쟁》《눈물의 땅, 팔레스타인》 등이 있다.

세 상에 대하여
우리가
더 잘 알아야 할
교양

김재명 지음

75

병역

징병제냐, 모병제냐?

내인생의책

차례

※ 본문의 **굵은 글씨**로 표시된 단어는 166페이지 용어 설명에서 찾아보세요.

들어가며: 오늘의 분단 현실에 비춰 본 징병과 모병

20살 안팎의 젊은이들이 지닌 실존적 고민 가운데 하나는 군대에 가느냐, 안 가느냐, 가더라도 언제 가느냐다. 국방 의무는 흔히 '신성한 의무'라는 말들을 한다. 하지만 군대에 갈 나이의 젊은이들에겐 **병역** 문제가 생사의 갈림길처럼 다가온다. 당사자는 물론이고 이들의 부모, 형제자매, 친구, 연인들의 지대한 관심 사항이기도 하다.

군대에 안 간다면 어떨까? 사랑하는 가족이나 연인과 더 많은 시간을 함께할 수 있고, 공부나 취직을 하는 등 더 나은 시간을 보낼 수도 있다. 이런저런 이유로 많은 젊은이가 가능한 한 병역을 면제받길 꿈꾼다. 병역을 면제받는다면, 혹시라도 성격 삐뚤어진 선임병을 만나 가혹행위에 시달리지 않아도 된다. 그러면서 "내가 군대 가고 안 가는 것과 신성한 국방 의무나 애국심과는 다른 문제야."라고 자신을 합리화하고 싶어 하는 게 솔직한 심정일 게다.

이런 고민은 모두 우리나라가 **징병제**를 하기에 생기는 것들이다. 자신의 자유 의지에 따라 지원하는 **모병제**라면? 그런 고민을 할 필요가 없다. 자신이 바라는 대로 군대에 갈 것인가 말 것인가를 결정하면 그만이다.

징병제와 모병제, 나름의 장점 지녀

징병제와 모병제는 각기 장단점을 지닌다. 징병제는 군대에 정말로 가고 싶지 않은 젊은이조차 강제로 군인이 되게 함으로써 군에서 필요한 인원을 모을 수 있는 제도다. 따라서 징병제는 대규모 군 병력을 모으는 데에 효율적이다. 또한, 복무를 마친 군인이 사회로 돌아간 뒤에도 예비군 조직을 상대적으로 쉽게 꾸려 갈 수 있어 국가 안보에 상당히 유리하다.

모병제도 나름의 장점이 있는 병역 제도로, 젊은이의 자유의사가 절대적으로 존중되는 제도다. 자기 뜻에 따라 군복을 입었기에 징병제 군인보다는 군 생활에서 적극적인 성향을 보인다. 내 나라를 내가 지킨다는 자부심이 강하고 국가에 대한 충성도도 상대적으로 높게 나타난다.

오늘날 국제연합(UN)의 193개 회원국 가운데 모병제 국가가 징병제 국가들보다는 훨씬 많다. 미국과 소련이 서로 대립하던 냉전 체제가 1990년대 초에 끝나면서, 지난 30년 동안 여러 나라가 징병제를 모병제로 바꾸었다. 하지만 다시금 예전의 징병제로 돌아간 나라도 있다. 징병제와 모병제 가운데 어떤 병역 제도를 택할 것인가를 결정할 때 가장 중요한 잣대는 그 나라가 지닌 여러 특수한 환경일 것이다. 나라마다 병역 제도가 다른 것은 그 나라가 맞이한 여러 조건과 안보 상황이 다르기 때문이다.

국가 안보가 위태로우냐 아니면 크게 걱정할 필요가 없는 상황이냐? 나라의 살림살이 형편이 국방비를 넉넉히 감당할 수 있느냐 아니면 쪼들리느냐? 인구가 많아서 군이 징병제로 젊은이들을 강제로 군대로 모을 필요가 없느냐 아니면 필요한 최소의 병력을 확보하기 위해 국방비를 따로 책정해야 하느냐 등등 나라마다 사정이 제각각이다.

분단국가로 군사적 긴장이 팽팽한 까닭에 우리 대한민국은 오래전부터 징병제를 해 왔다. 법이 정하는 대로 젊은이들은 일정 기간, 일정 시한에 군대에 간다. 이는 대한민국 국민이라면 누구나 따라야 하는 국방의 의무이기도 하다. 여기엔 어느 정도 개인적 희생이 따른다. 젊은이 대부분은 성실하게 병역 의무를 이행한다. 문제는 누군가가 요령껏 빠지고 있다는 것이다. 꼼수를 부려 병역을 피하려다 들통 나는 바람에 비난의 화살을 받기도 한다.

비폭력 평화를 바라는 자신의 신념에 따라, 총을 잡지 않겠다고 선언하는 이른바 '**양심적 병역 거부**'자도 있다. 징병제 아래서 적지 않은 이들이 군대 대신에 감옥 가는 길을 택해 왔다. 최근에 이들 병역 거부자에게 현역병으로 가지 않더라도 국가를 위해 봉사하는 '**대체 복무**'의 길이 열렸다. 늦었지만 환영할 만한 일이다. 그렇지만 어딘가 한쪽에서는 "그들이 말하는 양심이 진짜냐? 그럼, 나는 양심이 없어 군대에 갔다 왔는가?"라는 볼멘소리를 한다.

논란의 중심에 선 병역 문제들

남북으로 한반도가 갈려 긴장감이 끊이지 않은 분단의 현실이 영향을 미쳐서일까, 또는 그동안 여러 병역 비리 사건이 터져서일까? 대한민국에서 병역 문제와 관련된 것들은 늘 화제를 불러 왔다. 21세기를 살아가는 이즈음 우리 사회를 달구는 여러 논쟁거리 가운데 하나가 병역 문제인 것만큼은 분명하다.

좀 더 구체적으로 들어가면 △지금의 징병제를 그대로 둘 것이냐 아니면 모병제로 바꿀 수는 없을까? △징병제를 없애면 군대 지원자가 줄어들어 국가 안보에 구멍이 뚫리지 않을까? △모병제로 바꾸면 나라 살림이 거덜 나는 것은 아닐까? △남북통일이 되기까지는 징병제를 이어가야 하지 않나? △손흥민은 **병역 특례**로 군대에 안 가지만 같은 축구선수인 이강인이나 한류스타인 BTS는 왜 병역 특례를 못 받을까? (병역 특례의 범위를 좀 융통성 있게 바꿀 수는 없을까?) △양심적 병역 거부는 혹시 '양심'을 핑계로 한 **병역 기피**가 아닐까? △남자는 군대에 가고 여자는 안 가는데, 이런 게 바로 성차별이나 역차별이 아닐까? △군 가산점은 다시 살려야 하는가? 등등…… 논쟁의 목록을 만들자면 끝 모르게 이어질 것이다.

위의 논쟁들은 어느 한쪽이 일방적으로 유리하고 불리한 성격의 것이 아니다. 각기 그 나름의 설득력 있는 논리를 지녔기 때문이다. 이 책의 목적은 병역 문제를 둘러싼 여러 측면을 두루 살핌으로써, 읽는 이로 하여금 좀 더 자신의 논리적인 생각을 가다듬도록 이끄는 데 있다. 따라서 이 책을 쓰면서 개인적인 주장을 삼가고 되도록 중립적인 입장을 지키고자 했다.

이 책을 처음 읽을 때 이 책의 의견이 어느 한쪽의 의견에 기울었다고 판단되거나 마땅치 않아도 계속 읽어보기를 바란다. 책 읽기를 마무리할 무렵엔 생각이 바뀔 수 있기 때문이다. 아니면 처음 품었던 생각이 논리적으로 더 단단해질 수도 있다. 그 어느 쪽이든, 이 책이 병역 문제를 보는 시야를 넓히는 작은 길잡이가 되길 바란다.

1장 병역은 의무인가, 선택인가?

컴퓨터로

하는 전쟁 게임에 중독된 사람이라도 실제로 벌어지는 전쟁을 반길 사람은 없을 것이다. 마찬가지로, 어릴 때부터 싸움을 좋아하는 타고난 싸움꾼이라도 제 발로 걸어서 군대로 들어가 병사가 되고 싶어 하는 사람은 그다지 많지 않을 것이다. 하지만 오늘, 이 시각에도 많은 젊은이가 군대로 들어간다. 왜 그럴까? 내가 태어난 나라를 지켜야 한다는 애국심이 바탕에 깔려 있기도 하지만, 그 무엇보다 국가가 나에게 신성한 국방의 의무를 강제하기 때문이다.

우리나라 헌법엔 "모든 국민은 법률이 정하는 바에 의하여 국방의 의무를 진다."라고 쓰여 있다(제39조 제1항). 나라를 지키는 것은 대한민국 국민이라면 누구나 지켜야 할 신성한 의무라는 데 다른 목소리를 낼 사람은 없을

군 복무 기간	육군과 해병대	21개월 → 18개월	2021년 12월까지 단계적으로 단축할 예정
	해군	23개월 → 20개월	
	공군	24개월 → 22개월	
	사회복무요원	24개월 → 21개월	
	산업기능요원	26개월 → 23개월	
병력	육군 61만 명을 2022년까지 50만 명으로 감축		

▌ 줄어드는 군 복무 기간과 병력

것이다. 국방의 의무는 세금을 내야 할 의무, 자녀에게 교육을 받게 할 의무, 근로의 의무와 더불어 우리 국민이라면 지켜야 할 4대 의무 가운데 하나다.

국방의 의무는 곧 병역의 의무를 뜻한다. 우리나라 병역법은 "대한민국 국민인 남성은 헌법과 이 법에서 정하는 바에 따라 병역 의무를 성실히 수행하여야 한다."라고 못 박고 있다(제3조 1항). 외국에서 태어나 그곳에서 자랐더라도, 한국말을 못 하더라도 그가 대한민국 국적을 지닌 남자라면 예외 없이 병역 의무를 져야 한다.

인천공항에서 가끔 벌어지는 소동이 있다. 아무 생각 없이 인천공항에 들어왔다가 곧바로 논산 훈련소로 가야 하는 젊은이들에 관한 얘기다. 자신이 미국 시민권을 지녔으니 군대에 가질 않겠거니 하고 인천공항에 들어왔다가, 그런 일을 겪는 젊은이는 마음의 준비가 전혀 없었기에 참으로 당혹스러

▌ 1967년의 신체검사. 지금과는 많이 다른 분위기다. ⓒ국방부

울 것이다. 한국 국적을 다른 나라 국적으로 바꾸는 절차를 미리 밟지 않아 (법률 용어로는 '한국 국적 이탈 신고'를 하지 않아) 생기는 일이다. 2005년에 개정된 국적법에 따르면, 법률적으로 '외국인 남자'가 아닌 한국 남자는 만 18세가 되는 해의 3월 31일까지 한국 국적을 포기해야 한다. 그렇지 않으면 37살을 넘기기 전까지는 한국에서의 병역 의무가 따른다.

병역준비역, 모두 군대 가는 것은 아니다

모든 대한민국 남자가 무조건 다 현역 군인으로 입대하는 것은 아니다. 누구는 군대에 가고 누구는 가지 않는 기준을 가리는 심사를 '병역판정 검사'라 일컫는다. 2016년 병역법이 바뀌면서 '징병 검사'가 '병역판정 검사'로 이름이 바뀌었다. 이 검사는 징병제도를 둔 나라에서 군대에 들어갈 나이가 된 젊은이들(한국은 만 18세 이상)이 실제로 군 복무를 잘할 수 있는지 없는지를 가리는 절차를 가리킨다.

병역판정 검사는 1급에서 7급까지로 나뉜다. 1~4급은 병역준비역, 5급은 전시근로역, 6급은 면제, 7급은 재검이다. 병역준비역 가운데 1~3급은 현역, 4급은 보충역으로 다시 나뉜다. 예전에는 현역병으로 가는 사람들을 '제1국민역', 군대에 가기 어렵다는 판정을 받아 병역이 면제되는 사람들을 '제2국민역'으로 나누었으나, 2016년 11월 병역법이 일부 바뀜에 따라 용어도 바뀌었다. 딱히 몸 어디에 아픈 데가 없는데도 꼼수를 부리는 (이를테면 몸무게를 아주 많이 줄이거나 크게 불리는) 얌체족들이 바라는 것이 5급 또는 6급이다.

병역판정 검사를 통과한 병역준비역이 모두 현역병으로 군대에 가는 것은 아니다. 일부는 '보충역'으로 나뉘어 군대에 가지 않는다. 보충역도 다시 공

| 병무청 검사장에서 청년들이 병역판정 검사를 받고 있다. ⓒ국방일보

익근무요원 보충역과 산업기능 요원 보충역, 전환 복무 보충역으로 나뉜다. 공익근무요원 보충역은 구청이나 주민센터 같은 데에서, 산업기능 요원 보충역은 산업체에서 일한다. 전환 복무 보충역은 경찰서와 교도소, 소방서 등에서 일하는 보충역이다.

구청이나 주민센터, 산업체에서 일하는 보충역은 집에서 출퇴근하지만, 경찰서와 교도소, 소방서 등에서 전환 복무를 하는 보충역은 현역 군인들의 숙소인 '생활관(2005년 전의 이름은 내무반)'과 비슷한 합숙 생활을 한다. 일정 기간 우리 사회와 가족에게서 아예 떨어져 지내야 하는 현역 군인에 견주면, 그래도 전환 복무 보충역은 형편이 낫다고 말할 수 있다. 2016년 국방부는 전환 복무를 2023년까지만 유지하고 없애겠다고 발표했다. 그러면 의무 경찰, 의무 소방이 없어진다.

▌ 훈련소에 들어온 청년들 ⓒ병무청

병역 기피 꼼수 부리다가 치르는 대가

일부 젊은이들은 현역으로 가지 않고 보충역으로 빠지려고, 또는 보충역도 싫다고 아예 병역 의무를 면제받으려고 꼼수를 부린다. 자신의 몸 일부를 일부러 망가뜨려 '병역판정 검사'에서 낮은 점수를 받아내려 한다. 돈으로 병역을 면제받으려는 불법을 저지르기도 한다. 그러다 발각되면 엄중한 법의 심판을 받고 교도소에 가야 한다.

어떠한 개인적 사정으로든 몸이 멀쩡한데도 병역을 피하려 든다면, 그걸 바라보는 사람들의 눈길은 싸늘하다. 병역법은 병역 기피자들을 엄중히 처벌한다. 병역법 제88조를 보면, 현역병으로 훈련소에 들어가야 하는 날짜에 '정당한 사유' (이를테면 자동차 사고를 당해 입원 중이거나 가족이 죽어 상을 치르거나 하는 돌발 사유) 없이 얼굴을 나타내지 않으면 3년 이하의 징역형을 받는다.

그렇게 징역을 살고 나오면 끝일까? 전과자 낙인이 찍혔지만 그것으로 끝이 아니다. 취업도 문제다. 많은 기업은 입사 지원자가 제출하는 이력서에 병역 의무를 마쳤음을 뜻하는 단어인 '군필'이라고 떳떳하게 적어 넣을 수 있는 인력을 반긴다. 병역 기피를 한 전력이 있는 지원자는 원하는 회사에 들어가기 쉽지 않다.

병역 기피자에겐 또 다른 불이익이 기다린다. 공무원이 될 수 없다. 나라에서 정해준 4대 의무 가운데 하나인 병역 의무를 마치지 않은 사람은 나라의 일꾼이 될 수 없다고 보기 때문이다. 무슨 사업으로 돈을 벌겠다는 마음이 생기더라도, 정부로부터 인가를 받아야 하는 사업체 등록을 본인 이름으로 하지 못한다. 전시근로역으로 **병역 면제**를 받지 않는 이상, 한국 사회에서의 병역 기피는 큰 대가를 치러야 한다. 징역형과 더불어 전과자가 되고, 교도소를 나온 뒤의 사회생활에서도 여러 가지 불이익이 따라 다닌다.

국방 의무가 중요시되는 까닭

징병 기피자에게 여러 불이익을 주면서까지도 징병제를 유지하는 배경은 무엇일까? 무엇보다 중요한 요인은 다름 아닌 우리가 두 발 딛고 사는 한반도의 긴장 상황일 것이다. 우리나라 헌법 제3조는 "대한민국의 영토는 한반도와 그 부속도서로 한다."라고 적혀 있다. 하지만 현실에서는 한반도에 두 개의 국가가 있다. 남북한은 각기 국제연합(UN)의 회원국으로 가입했고, 따라서 남한(대한민국)과 북한(조선민주주의인민공화국)은 둘 다 국제 사회에서 어엿한 독립국으로 여겨진다.

지난날 역사를 돌아보면, 남북한은 1950년부터 1953년까지 3년 동안 전쟁을 치르면서 엄청난 피를 흘렸다. 한국전쟁은 전쟁을 완전하게 끝내는 종전이 아니라 잠시 멈추는 정전(휴전) 상태가 되었다. 한국전쟁이라는 큰 비극적아픔을 기억하는 상황에서 남과 북은 60년이 넘도록 군사적 대치 상태를 이어 왔다. 참으로 안타까운 현실이다.

남북한 사이의 군사적 긴장 상황이 어느 정도인지는 숫자로만 살펴봐도금세 알 수 있다. 먼저 병력 숫자. 국방부가 발표한 〈2018 국방백서〉에 따르면, 남한의 군인은 육해공군 모두 합쳐 60만 명에 이른다. 북한의 군인은128만 명으로 남한보다 두 배나 많다. 엄청난 숫자의 남북한 젊은이들이 총을 들고 서로를 노려보는 상황인 셈이다.

한반도를 둘러싼 상황도 평화와는 거리가 멀다. 강대국인 미국, 중국, 일

❚ 육군 훈련소에서 4주 차에 접어들어 각개전투 훈련을 받는 신병 ⓒ대한민국 육군

본, 러시아가 한반도 주변에서 각자의 이해관계에 따라 때때로 긴장감을 높였다. 남한 땅에 미군의 사드(THAAD)를 들여오자 중국이 민감하게 반응하는 것은 한반도를 둘러싼 긴장과 대결 구도의 한 보기일 뿐이다.

전쟁이란 언제 터진다고 말할 수 있는 성질의 것이 아니다. 어젯밤 편히 잠들었다가도 아침에 일어나니 전쟁이 터졌다는 뉴스를 듣는 일도 생긴다. 남북한이 서로 갈등을 빚다가 작은 오해에서 비롯된 휴전선에서의 총격전이 커져 결국에는 전면전으로 번질 수도 있다. 그런 긴장을 이어온 이 땅에서 내 한 몸 편하겠다고 병역을 기피하는 것에 대해 우리 사회가 너그러울 수는 없다. 그렇기에 앞에서 살핀 대로 병역 기피자에겐 걸맞은 대가를 치르도록 법률로 정하고 사회생활에서도 불이익을 준다.

왜 일부 젊은이들은 군대에 가기 싫어할까?

그런데도 일부 젊은이들은 군대에 가지 않으려고 온갖 꼼수를 부린다. 그들의 애국심이 모자라서일까? 병역 의무가 국민의 4대 의무 가운데 하나라는 것을 몰라서일까? 애국심이나 의무감을 떠나 "될 수만 있다면 군대에 가고 싶지 않다."라는 마음은 어디서 나오는 것일까?

군대에서 2년 가까운 시간을 보내는 것이 손해라는 생각이야말로 군대를 기피하는 가장 큰 요인으로 꼽힌다. "한창 공부하고 일할 나이에 2년을 군대에서 썩을 수 없다."라는 생각에서다. 꼼수를 부려 군대에 가지 않을 경우의 반사 이익을 그리면서 남들처럼 군대 가는 것이 바보라는 생각을 하는 젊은이들이 적지 않은 것이 사실이다.

군대에 가면 인간으로서 최소한의 자유권과 프라이버시를 빼앗긴다는 생각도 군대 입영을 망설이게 하는 요인이다. 군대는 규율이 엄한 조직 생활을 요구하는 곳이다. 규율이 무너지면 무질서로 이어지고 그로 인한 피해가 결국 국민에게 돌아간다. 군 조직의 특성상 병사 개개인의 개성이 어느 정도 무시될 수도 있다. 군대는 자유 의지로 편한 데를 선택할 수 있는 곳도 아니다. 그렇기에 병역을 기피하거나 훈련소 입소를 망설이는 사람이 생긴다.

보다 근본적으로는 군대 가는 것을 피하려는 마음속 저 밑바닥엔 죽음의 공포가 깔려 있다. 사람이라면 누구나 갖기 마련이다. 전쟁이 터지면 적의 공격을 막기 위해 군인은 누구보다 맨 앞에 서야 한다. 적군의 탱크에 맞서 포탄을 지고 뛰어든 육탄 용사 이야기가 전해지지만, 죽음을 각오하고 싸우기란 쉽지 않은 일이다. 요행히 살아남는다고 해도 전투 중에 팔다리를 잃는

▌ 육군 훈련소에서 훈련을 마친 교육생들이 더위를 씻어내고 있다. ⓒ대한민국 육군

집중탐구 뉴욕 징병 거부 폭동

미국 남북전쟁(1861~1865)이 한창이던 1863년 7월, 뉴욕에서는 불공평한 징병에 화가 난 군중들이 나흘 동안 대규모 폭동을 일으켰다. 징병사무소와 우체국 등이 불에 타고 많은 사람이 죽거나 다쳤다.

19세기에 일어난 미국의 남북전쟁은 상공업 중심의 북부 지역과 농업 중심의 남부 지역 사이에 4년 동안 피를 흘리며 싸웠던 참혹한 전쟁이었다. 전쟁이 빨리 끝나지 않고 사상자가 늘어나자, 1863년 여름 에이브러햄 링컨 대통령은 새 징병법을 내놓았다. 20살에서 45살까지의 백인 남성을 대상으로 징병을 하고, 군대에 머무는 기간을 2년에서 3년으로 늘린다는 내용이었다. 링컨은 이 새 징병법으로 30만 명의 군인을 새로 모집하려 했다.

문제는 링컨 대통령의 새 징병법이 부자들에게 합법적인 병역 기피의 길을 터 주었다는 점이다. 300달러를 정부에 내면 군대에 안 가도 됐고, 사람을 돈으로 사서 대신 보낼 수도 있었다. 부자들은 돈으로 입대를 피했다. 철강업으로 떼돈을 번 앤드루 카네기, 금융재벌인 존 피어폰트 모건 같은 이들에게 300달러는 큰돈이 아니었다. 나중에 미국 대통령이 된 시어도어 루스벨트의 아버지, 프랭클린 루스벨트의 아버지도 돈으로 군대를 피했다. 나중에 미국 대통령을 지낸 체스터 앨런 아서와 그로버 클리블랜드는 돈으로 사람을 사서 대신 군대로 보냈다.

뉴욕 징병 거부 폭동은 가난한 아일랜드계 이민자들이 중심이 되어 일어났다. ©위키미디어

가난한 사람들의 눈에는 새 징병법이 당연히 불공평했다. 아일랜드에서 온 가난한 이민자들이 중심을 이루어 5만 명쯤이 폭동을 일으켰다. 뉴욕 맨해튼의 징병사무소를 공격해 징병 대상자 명단을 불태웠다. 우체국을 비롯한 여러 건물이 불에 타고 혼란이 번졌다. 뉴욕 경찰로는 힘들다는 보고를 받은 링컨 대통령은 군대를 보내도록 명령했다. 게티즈버그 전투에 참전했던 2개 연대 병력이 뉴욕으로 진군해 들어갔다. 폭동은 곧 진압됐다.

불공평한 징병이 낳은 이 사건으로 말미암아 사망자는 100여 명, 부상자는 3,000명을 넘었다. 레오나르도 디카프리오가 주인공으로 나오는 〈갱스 오브 뉴욕〉(마틴 스코세이지 감독, 2002년)에서 뉴욕 징병 거부 폭동의 처절했던 모습이 보인다.

등 몸을 다칠 가능성도 크다. 전쟁이 터질 확률이 어느 정도인지는 아무도 알 수 없다. "하필 내가 군대에 가 있을 때 전쟁이 터진다면……." 이런 생각이 떠오르면 군대란 피하고 싶은 곳이 된다.

군대를 피하려는 젊은이들의 마음속에는 군대 안에서 누군가의 폭력에 자신이 희생당할지 모른다는 두려움도 있다. 생활관에서 선임병이 신병을 괴롭히고 그를 못 견딘 신병이 자살과 같은 극단적인 선택을 하는 일이 때때로 벌어진다. 심지어 한밤중 생활관에서 잠을 자는 병사들을 향해 수류탄을 던져 인명 사고를 일으키는 일조차 터지는 곳이 군대다. 잊을 만하면 생겨나는 군대 사건·사고를 전하는 뉴스를 들을 때마다 군 복무를 부정적으로 생각하게 되는 것은 어찌 보면 자연스러운 일이다.

군대는 '학교'이지만 사고 걱정도

군 사망 사고는 크게 두 가지로 나뉜다. 첫째는 '안전사고'로, 고의성이 없는 사고를 가리킨다. 차량을 운전하다가 일어나는 사고와 폭발물 사고, 그리고 익사 사고다. 둘째는 '군기 사고'로 누군가를 총기 사고로 죽게 만들어 형사처분의 대상이 되는 일도 더러 있지만, 대부분은 자살 사고로 마무리된다.

군대에서 자살하는 이유는 여러 가지다. 상급자의 괴롭힘을 견디다 못해 스스로 목숨을 끊는 일도 있고, 또는 사랑하는 여자로부터 실연을 당해 비관한 나머지 극단적인 선택을 하는 예도 있다. 자살 사고는 군대 안에서 일어나는 사망 사고 가운데 가장 높은 비율을 차지한다. 전체 군 사망 사고의 50%를 크게 웃돈다.

여기서 짚고 넘어갈 중요한 사실 하나. 국방부 자료에 따르면, 군에서 일어나는 자살 사고율은 같은 나이 또래의 일반 남자 국민(20~29세 기준)의 자살률에 견주면 낮은 편이다. 인구 10만 명 당 자살률이 군대의 경우는 8명쯤인데 비해 20~29세 사이의 일반 남자 국민의 자살률은 20명쯤이다. 사회에서 일어나는 자살률이 군대보다 훨씬 높다. 국방부 자료는 또

▮ 이동하는 군인들. 청년들에게 군대는 또 다른 교육의 장이다.

▌ 군대 안에서 일어나는 폭력은 늘 문제가 되고 있다.

한 군대 내 자살률이 해를 거듭할수록 낮아졌음을 보여준다(10만 명 당 군인
자살률은 2014년 10.2명, 2015년 8.7명, 2016년 8.2명, 2017년 8.0명).

또 하나 다행스러운 소식은 군대 안에서 일어나는 사망 사고도 해를 거듭
할수록 줄어드는 흐름을 보인다는 것이다. 지난 10여 년 동안의 사망 사고
통계를 낸 국방부 자료를 보면, 1997년 273명에 이르렀던 사망 사고 희생자
는 2016년 81명, 2017년 75명으로 크게 줄었다.

그렇더라도 자식을 군대에 보내는 부모들은 걱정하기 마련이다. 혹시나
아들이 군대에서 사고를 당하지 않을까 하는 마음에서다. 군대는 낮엔 훈련
을 받고 밤엔 생활관에서 함께 지내면서 공동체 의식과 민주시민의 덕성을
길러주는 '학교'라는 긍정적인 역할을 지닌다. 그런 점을 잘 아는 부모들은
"군대에 가야 사람이 된다."라는 말을 입버릇처럼 한다. 하지만 사랑하는 아

들이 막상 군대에 가야 하는 상황이 오면 은근히 걱정한다.

국방 의무를 위해 입대한 젊은이들의 꽃다운 생명은 하나같이 귀하고 존중받아야 마땅하다. 국방부에서도 자살 사고를 막기 위해 여러 노력을 기울인다. '자살 예방 종합시스템'에 따라 '식별−관리−분리'의 단계별로 자살 예방조치를 한다. 아울러 '그린 캠프'라는 교육 과정을 마련해 해마다 3천 명가량의 병사들이 자살 예방 교육을 받도록 한다.

이런 노력에도 자살 사건은 잊을 만하면 터진다. 한편으로 해마다 4천 명가량의 병사들이 '현역 부적격자'로 판정을 받아 군대를 떠나는 실정이다. 징병제를 모병제로 바꾸어야 한다고 주장하는 사람들은 이렇게 목소리를 높인다. "지금의 징병제 아래에서는 군대에 적응하지 못하는, 또는 적응을 힘들어하는 병사들의 자살이 사라지질 않는다. 모병제로 바꾸지 않는 한 자살 문제를 근본적으로 풀어가기 어렵다." 하지만 징병론자들의 생각은 다르다. "모병제를 하는 다른 나라에서도 정도의 차이는 있을지언정 같은 문제가 있다. 오히려 병영 문화를 개선하려는 노력이 중요하다."고 반론을 편다.

- 우리나라 헌법으로 정한 국방의 의무에 따라, 병역법은 대한민국 국민에게 병역 의무를 주었다.
- 보충역이나 면제를 노려 병역을 기피하려는 자에게 병역법은 징역형을 내린다.
- 군대에 가기 싫어하는 젊은이들의 마음에는 시간을 희생당한다는 피해 의식이나 사고에 관한 걱정 등이 깔려 있다.

2장 사람들이 특히 병역 비리에
분노하는 까닭은?

"**돈도** 실력이야. 능력 없으면 너희 부모를 원망해라." 박근혜 정부를 무너뜨리는 데 결과적으로 한몫했던 최순실의 딸 정유라는 동갑내기들과 SNS 메시지를 주고받으며 다투다가 이런 망언을 남겼다. 그 말을 들은 정유라 또래의 마음은 말할 것도 없고, 그걸 전해 들은 수많은 서민의 마음에 씻을 수 없는 상처가 남았다. 그런데 권력의 힘을 빌리거나 꼼수를 부려 현역병으로 군대 가는 줄에서 빠진 사람들은 "나는 신의 아들이야. 너희와는 달라."라며 병역 기피를 은근히 뽐내는 철없는 짓을 한다.

인류의 역사는 곧 전쟁의 역사라 해도 틀린 말이 아니다. 전쟁이 역사책에 기록된 이래로 군대가 없었던 적이 없었다. 따라서 군대의 역사는 우리 인류의 역사만큼이나 길다. 그런데 그 긴 군대의 역사만큼 오랜 역사를 지닌 것이 병역 기피의 역사라 말할 수 있다. 정직하게 국방의 의무를 다하기 위해 군대에 가려는, 또는 다녀온 사람들만 바보가 되는 사회는 제대로 된 사회가 아니다. 공평하지 못하고 정의롭지도 못하다.

병역 비리 문제에 많은 사람이 특히 예민하게 반응한다. 왜 그럴까? 썩을 대로 썩은 우리 사회의 모습을 병역 비리 문제에서 마주한 사람들이 피해 의

▍ 알링턴 국립묘지의 조각품. 군대에 가면 이처럼 사랑하는 사람들과 잠시 떨어지는 아픔을 겪는다. 이를 피하려 병역 비리를 저지르기도 한다.

식을 느끼기 때문이다. 내 아들이 군대 가서 2년 동안 힘들게 땀 흘리고 삽질을 하며 지낼 때 권력자의 아들이나 재벌의 아들이 스포츠카를 몰고 놀러 다니거나, 대학교에 다니며 공부를 하거나, 큰 회사에 취직해 돈을 번다고 생각하면 화가 절로 치밀어 밤잠을 제대로 이루지 못할 것이다.

재벌 아들의 병역 면제율, 일반의 5배

병역 기피나 병역 비리와 관련된 사건이 뉴스로 들려올 때마다 많은 보통 사람, 특히 현역으로 군대에 다녀온 사람들이 분기탱천한다. 그럴 수밖에 없다. 자신이 군대에서 생고생하던 장면이 주마등처럼 안 흐르면 이상하다. 게다가 군대를 안 간 사람들 가운데 사회 계층의 사다리 맨 위쪽에 걸터앉은 이들이 많은 게 보이면 더 그렇다. 잊을 만하면 권력자나 재벌가의 아들들이 병역 비리를 저지른 혐의로 재판에 넘겨진다는 뉴스를 듣는다. 그런 뉴스가 프랑스어인 '노블레스 오블리주(Noblesse Oblige)'를 우리말로 그대로 옮긴다면, '귀족의 의무'다. 귀족은 신분이 높고 일반 평민이 누리지 못하는 여러 특권을 누렸다. 하지만 귀족이야말로 평민들보다 모범을 보여야 한다는 뜻이 '노블레스 오블리주'에 담겨 있다. 사회 지도층일수록 나라가 위기에 놓일 때 앞장서야 한다는 얘기다. 높은 자리에 있는 어떤 사람이 (또는 그의 아들이) 병역 의무를 피하려고 꼼수를 부리면 "노블레스 오블리주의 정신을 어겼다."라는 비판을 피하기 어렵다.

'노블레스 오블리주'라는 말이 나온 것은 700년 전인 14세기 프랑스에서였다. 그 무렵 프랑스는 영국과 '백년전쟁'이라는 긴 전쟁을 벌이고 있었다. 그 전쟁에서 프랑스 도시 칼레가 영국군에게 둘러싸였다. 위기에 빠진 칼레 사람들은 영국군에게 맞서 싸우면서 원군이 와서 도와주길 기다렸다. 하지만 손꼽아 기다리던 원군이 오질 않아서, 끝내 백기를 내걸고 항복할 수밖에 없었다.

성문을 열고 나간 항복 사절단이 영국 왕 에드워드 3세 앞에 엎드려 자비를 청하자, 왕은 이렇게 말했다. "너희를 살려주겠다. 하지만 조건이 있다. 그동안 칼레 전투에서 우리 영국군도 적지 않게 죽고 다쳤으니, 칼레 사람들 가운데 6명을 목매달아 죽여야겠다."

항복 사절단이 칼레 성안으로 돌아와 영국 왕이 내건 항복 조건을 전하자, 칼레 사람들은 엄청난 소용돌이에 휘말렸다. 누가 칼레 시민을 대표해 목숨을 내놓을 것인가. 서로 눈치를 보며 머뭇거리는 것은 당연한 일이었다. 그런데 여기서 놀라운 일이 벌어졌다. 칼레에서 가장 부자인 외스타슈 드 생피에르가 스스로 처형당하겠다고 나섰다. 그러자 칼레 시장, 법률가 등 귀족 출신 5명이 잇달아 "나도 처형당하겠다."라고 손을 들었다.

다음 날 이들은 약속한 대로 교수대 앞에 모였다. 하지만 여기서 칼레 시민들이 생각하지 못한 일이 일어났다. 에드워드 3세의 왕비가 나섰다. 그녀는 "내가 아기를 뱄는데 사람을 목매달아 죽이는 것은 바람직하지 않아요. 자비를 베풀어 주세요."라며 왕에게 간청했다. 에드워드 3세는 그 말을 듣고 고개를 끄덕였다. 이미 왕도 칼레 시민을 위해 죽음을 마다하지 않았던 6명의 희생정신에 감명을 받은 터였다. 처형은 없던 일이 됐다. 훗날 역사가들은 높은 신분을 지닌 사람들이 앞장서 스스로 목숨을 내놓으려 했던 칼레의 일을 '노블레스 오블리주'의 출발로 기록하고 있다.

나올 때마다 사람들은 "그 귀한 집 청년들은 재수가 없어 들킨 것이지. 훨씬 더 많은 숫자가 교묘하게 비리를 저지르고 군대를 빠졌을 거야."라고 분노한다.

2006년 〈한국방송〉(KBS) 시사프로그램 〈쌈〉이 조사한 바로는 7대 재벌 총수 아들들의 병역 면제율이 일반인보다 5배 높은 것으로 나타났다. 어떻게 병역 면제를 받았는지 그 과정이 투명하지 않은 재벌가 아들들이 수두룩했다. 일반인 가운데는 먹고살기가 힘들거나(생계 곤란) 고등학교를 졸업하지 못했거나(학력 미달) 등의 이유로 병역을 면제받는데, 그 비율이 지난 30년간 평균 6.4%였다. 하지만 재벌가의 병역 면제율은 33%나 됐다.

특히 삼성 가문의 면제율이 가장 높아 눈길을 끌었다. 범삼성 계열 대상자 11명 가운데 8명이 면제를 받아 73%나 되는 면제율을 기록했다. 그다음으로 SK그룹의 면제율이 57%였고 한진(50%), 롯데(38%), 현대(28%), GS(25%), LG(24%) 순으로 나타났다. 몇몇 재벌가의 아들들은 외국 영주권이나 시민권

등을 이용해 병역 의무를 피하다가 나중에 국내에 들어와 경영자로서 활동하는 것으로 드러났다.

여기서 놀라운 사실 하나. 사실상 재벌 후계자인 외아들이거나 장남들이 병역 면제된 이유는 대부분 몸이 아프다는 것이었다. 질병이 공식적으로 드러난 병역 면제 사유였다. 일반 서민들은 몸이 아프더라도 먹고살기 바쁜 탓에 병원 문턱을 좀처럼 넘기 어렵다. 재벌 아들이라면 사정이 전혀 다를 것이다. 조금만 몸이 이상해도 바로 최고의 시설을 갖춘 병원에서 진료를 받을 수 있었을 것이다. 많은 국민이 "전혀 이해를 못 하겠다."라며 고개를 갸우뚱하는 것도 전혀 이상한 일이 아니다.

삼성 재벌의 설립자 고 이병철 회장의 세 아들(맹희, 창희, 건희)도 모두 군대에 다녀오지 않았다. 이들이 어떻게 군대에 가지 않았는지, 결과적으로 어떻게 병역 문제를 마무리했는지는 잘 알려지지 않았다. 그저 추측만 꼬리를

▌ 해군 훈련병들이 야전 교육 훈련을 받고 있다. 병역 기피자들은 이런 힘든 훈련을 피하고 싶어 할 것이다. ⓒ대한민국 해군

물 뿐이다. 한국 언론 최대의 광고주인 삼성 재벌의 영향력 때문일까? 언론사에서도 삼성 재벌가 아들들의 병역 문제에 얽힌 '진실'을 자세하게 보도한 적이 없다.

3남 건희는 병역을 기피하다가 문제가 되자 40일 군사 훈련으로 병역 의무를 매듭지었고, 장남 맹희는 한국전쟁이 터진 1950년 일본으로 밀항해서, 차남 창희는 1952년 일본 유학을 핑계로 도쿄로 건너가 오랫동안 머무르면서 군대에 가지 않은 것으로 알려진다. 한국전쟁(1950~1953)이 한창 벌어질 무렵 재벌가의 아들들이 일본에서 잘 먹고 잘사는 동안, 이 땅의 순박하고 가난한 농촌 청년들이 총을 들고 적에 맞서다 죽었던 사실을 떠올리면 그저 한숨이 나온다.

어떤 나라가 부패 없는 '깨끗한 사회'인가 아닌가는 그 나라 사람들의 삶의 질뿐만 아니라 그 나라의 대외 경쟁력을 가름하는 결정적 요인으로 꼽힌다. 전 세계에 걸쳐 부패 문제를 다루는 전문 기관으로 국제투명성기구(TI)가 있다. TI는 해마다 전 세계 국가를 대상으로 부패 정도를 조사해서 점수와 순위를 매긴다. 2018년도 국가별 부패 인식지수에서 우리나라는 100점 만점에 57점으로, 조사대상국인 180개국 가운데 45위를 차지했다.

한국보다 부패가 심한 아시아, 아프리카, 중남미의 개발도상국들을 떠올리며 그래도 45위라고 기뻐할 일은 아니다. 경제 규모 세계 12위권인 한국이 따라잡아야 할 나라들은 그런 개발도상국이 아니라 주요국이다. 주요국과 중진국들의 모임인 경제협력개발기구(OECD)의 36개 회원국 가운데 한국은 30위에 지나지 않는다. 우리보다 부패한 나라라고 여겨지는 OECD 회원국은 '마피아가 판친다'는 이미지를 지닌 이탈리아, 그리고 유럽에서 못 살고 부정부패가 심한

영국 왕실의 '노블레스 오블리주'

한 나라의 지도층이 남들보다 앞장서 희생정신으로 모범을 보여야 한다
는 뜻을 지닌 '노블레스 오블리주'를 말할 때 빼놓을 수 없는 보기가 있
다. 전쟁이 터졌을 때 영국 왕실과 귀족들이 보인 태도에 관한 것이다. 영
국 병역법에 따르면, 영국 왕족이나 귀족 가문에 속한 젊은이는 반드시
군 복무를 해야 한다. 계급은 일반 사병이 아닌 장교로서다. 영국 왕족이
나 귀족이 전쟁터에서 몸을 사리지 않은 사례는 한둘이 아니다.

1982년 봄 아르헨티나와 영국 사이에 포클랜드 전쟁이 벌어졌다. 포클
랜드섬은 남미 아르헨티나에 가까운 곳이다. 아르헨티나 사람들은 포
클랜드섬이 자기네 땅이라 여겼다. 하지만 그 섬은 작은 규모의 영국 수
비대가 지키는 영국 영토였다. 아르헨티나군은 기습 공격으로 손쉽게 섬
전체를 차지했다. 곧 영국 해군 함대들이 대서양을 건너와 전투를 벌였
고, 아르헨티나군의 항복을 받아냈다. 포클랜드 전쟁은 1945년에 끝난
제2차 세계대전 뒤 영국이 대서양에서 벌인 가장 큰 전쟁이었고, 영국과
아르헨티나 양쪽 합쳐 수백 명의 전사자를 냈다. 바로 그 전쟁에 영국
여왕 엘리자베스 2세의 둘째 아들인 앤드루 왕자가 헬리콥터 조종사로
참전했다.

앤드루 왕자의 조카이자 찰스 왕세자의 첫아들인 윌리엄 왕자(아버지 찰
스 왕세자에 이어 왕위 계승 서열 2위)도 2012년 포클랜드에서 헬리콥터
조종사로 있었다. 찰스 왕세자의 둘째 아들인 해리 왕자(왕위 계승 서열
3위)는 2008년 아프가니스탄 남부 지역의 최전선에서 그곳 탈레반 게릴
라들과 싸웠다. 아프가니스탄은 2001년 미국을 겨냥한 9·11 테러의 총
책임자인 오사마 빈 라덴이 숨어 있었고, 지금도 걸핏하면 폭탄 테러가
벌어지는 등 살벌하기 그지없는 곳이다. 왕실의 측근 한 사람이 엘리자
베스 2세에게 "해리 왕자가 아프가니스탄으로 가고 싶어 한다."라고 귀

띔하자, 여왕은 "위험한 곳이니 가지 말라고 해라."라고 말리기는커녕 이렇게 말했다. "멋진 생각이야. 한 빈 해봐."

1926년에 태어나 1952년 영국 여왕에 오른 엘리자베스 2세도 '노블레스 오블리주'를 앞장서 실천했다. 그녀가 공주 시절에 벌어졌던 제2차 세계대전 때엔 아버지 조지 6세에게 "제 또래 소녀들이 봉사하고 있는 여자 국방군에서 일하고 싶어요."라고 말하고는 구호품 전달 부대에서 운전병으로 있었다. 1963년 징병제를 모병제로 바꾼 뒤로도 영국 왕족과 귀족들은 장교의 신분으로 군 복무를 하는 전통을 이어가고 있다.

나라로 알려진 그리스, 터키 등 그저 몇 손가락 꼽을 뿐이다.

한국은 부패로부터 자유로운 국가가 결코 아니다. 무엇보다 한국형 부패의 특징 가운데 하나는 고위 공직자들과 재벌 기업들이 비리를 저지르는 것이다. 툭하면 터지는 병역 비리 사건도 그 가운데 하나다. 헌법 제39조 제1항에서 "모든 국민은 법률이 정하는 바에 따라 국방의 의무를 진다."라고 되어 있지만 현실은 그렇지 못하다. 병역 비리는 한국 사회를 흔드는 폭발력을 지닌 뇌관이다.

아들 병역 문제로 발목 잡힌 정치인

이름이 널리 알려진 사람을 우리는 '유명인'이라 부른다. 그런데 아무개 하면 누구나 얼굴이 떠오르는 배우, 가수, 운동선수들은 유명인이지만 '공인'은 아니다. 국립국어원의 설명에 따르면, 사람들에게 이름이 널리 알려진 사람이 모두 공인은 아니라고 한다. 그래서 방송가에서는 연예인들을 가리켜 '셀럽'(유명인)이라 부르기도 한다. 공인은 국민이 내는 세금으로 월급을 받으며 나라를 위해 일하는 사람들을 가리킨다. 이를테면 국회의원을 비롯한 정치인, 장관을 비롯한 고급 관료들을 가리켜 '공인'이라 부를 수 있다.

그런데 국민의 세금으로 먹고사는 공인의 아들이 아버지가 지닌 권력 덕분에 또는 꼼수를 부려 병역을 면제받았다는 의혹을 받는다면 문제가 아닐 수 없다. 그런 소식을 듣는 힘없는 서민들은 특히 더 분개한다. 병역 비리를 저지른 게 아니라는 사실이 나중에 밝혀지더라도 이미 많은 사람의 기억에는 부정적인 이미지로 새겨져 오래 남는다. 분명히 오해였음이 밝혀졌는데도 "아니 땐 굴뚝에서 연기 날까?"라며 의혹의 눈길을 거두지 않는다.

1997년 12월에 치러진 제15대 대통령 선거에서 김대중 후보(새정치국민회의)에게 패배한 이회창 후보(신한국당)의 경우가 그랬다. 이회창 후보에겐 두 아들이 있었고, 장남 정연과 차남 수연 둘 다 처음엔 신체검사에서 현역 판정을 받았다. 그런데 재검에서 체중 미달로 병역을 면제받았다. 그 사실을 알게 된 김대중 후보 쪽에선 "병역 비리가 의심된다."라며 끈질기게 물고 늘어졌다.

여기서 당시 병역 면제를 받는 체중의 기준이 어떠한지를 살펴보자. 이를테면 키가 175cm인 청년의 몸무게가 153.2kg 이상이거나 42.8kg 밑이면 군대에 가지 않는다. 징병 검사를 맡은 **병무청**이 마련한 '병역판정 신체검사 등 검사 규칙'에 따르면, 체질량지수(키와 몸무게의 상관관계로 비만도를 나타내는 지수)가 14 미만이거나 50 이상일 때 5급(전시근로역) 판정을 받는다. '전시근로역'이란 전쟁이 나면 군사업무 지원을 위해 소집된다는 꼬리표가 달려 있긴 하지만 사실상 병역 면제와 같다.

정치인 이회창은 감사원장, 국무총리를 지내며 꼼수를 멀리하는 '대쪽 이미지'가 강했다. 그러나 두 아들의 군 면제를 위해 꼼수를 부렸다는 의혹이 커지면서 대쪽 이미지가 흐려졌다. 실제로 이 후보나 그의 두 아들이 병역 면제를 받으려고 비리를 저지르거나 꼼수를 부렸다는 의혹이 사실로 밝혀진 것은 하나도 없다. 하지만 많은 국민은 '대쪽 이미지'를 지닌 대통령 후보의 아들들이 모두 병역을 면제받았다는 점에 고개를 갸우뚱했다. 1997년 겨울의 대통령 선거는 매우 치열했다. 어느 후보가 이길지 예측이 어려울 정도였다. 이회창 후보는 김대중 후보에게 1.6% 차이로 졌다. 두 아들의 병역 의혹은 사실 여부를 떠나 이 후보가 대선에서 쓴잔을 마시도록 만든 결정적 요인으로 꼽혔다.

이회창과 이낙연의 아들들

이회창 후보의 두 아들이 체중 미달로 병역을 면제받았다는 의혹은 5년 뒤인 2002년 대통령 선거에서도 또다시 그의 발목을 잡았다. 여러 여론 조사로는 이회창 한나라당 후보가 노무현 새천년민주당 후보를 크게 이기는 것으로 나타났다. 이회창 대세론이 워낙 강했기에, 이 후보는 "이번엔 꼭 이긴다."라고 자신만만했다. 하지만 노무현 후보가 대통령에 뽑혔다. 왜 그런 결과가 나왔을까?

노무현 후보는 육군 병장 출신으로 서민적 이미지가 강했다. 그런 노 후보가 이미 5년 전에 한 번 논란이 됐던 이 후보 아들들의 병역 비리 문제를 들고나오자, 이 후보는 적극적으로 대응하지 않았다. 대선 끝 무렵에 민심이

흉흉해지고 불리하게 상황이 돌아간다는 것을 깨달은 이 후보 쪽에서 뒤늦게 사태 수습에 나섰다. 외국 유학 중이던 둘째 아들을 국내로 들어오게 해 공개 신체검사를 받게 했고, 맏아들을 소록도 자원봉사원으로 보냈다. 하지만 이미 싸늘해진 유권자들의 마음을 되돌리지 못했다. 5년 전과 마찬가지로 두 아들의 병역 비리 의혹은 이 후보의 결정적 패인으로 꼽혔다. 이 후보는 병역 문제에 관한 한 유달리 예민한 민심에 발목을 잡혀 대통령에 뽑히지 못한 정치인이라 하겠다.

이회창 후보가 아들의 병역 비리 문제로 공격을 받을 2002년 당시 야당에서 공격의 전면에 나섰던 이가 이낙연 새천년민주당 대변인이다. 공교롭게도 2002년에 이낙연의 아들이 병역 면제 판정을 받았다. 징병 검사에서 현역 판정을 받았지만 운동을 하다가 어깨뼈가 어긋났기 때문이었다. 그런데 15년 뒤 문재인 대통령이 이낙연(당시 전라남도지사)을 국무총리 후보자로 지명하

▋ 두 아들의 병역 비리 의혹에 휘말려 연거푸 대통령 선거에서 낙선한 이회창 후보

면서, 야당 국회의원들이 "이 후보자의 아들이 군대에 안 가려고 비리를 저지른 게 아니냐?"라고 날을 세웠다. 그러자 이 후보자는 곧 많은 사람을 놀라게 한 비화를 공개했다. 그는 아들을 어떻게 해서든 군대에 보내려고 병무청을 찾아가기까지 했다는 것이다.

"아들이 병역을 면제받았을 당시 나는 노무현 대통령 후보의 대변인을 하면서, 이회창 전 한나라당 총재 아들의 병역 비리를 문제 삼아 한창 싸우던 때였다. 그래서 오해를 받지 않기 위해 아들을 군에 보내려고 병무청에 간곡하게 탄원서를 보냈다. 그리고 병무청 간부를 만나 개인적으로 아들을 군대에 보낼 수 없겠느냐고 부탁까지 했는데, 그 간부로부터 '그 부탁도 병무 비리라는 것을 아느냐?'라는 야단을 맞았다."

이 후보자의 아들은 병원에서 MRI 촬영 결과 수술이 필요하다는 소견에 따라 어깨 수술을 받았다. 수술 뒤 회복할 시간이 필요해 입영 연기를 신청했고, 다시 신체검사를 받아 병역 면제 판정을 받았다. 그때 이 후보자의 아들은 엄마와 함께 병무청으로 가서 현역으로 복무하기 어렵다면 공익근무요원으로라도 일하게 해달라고 했으나 받아들여지지 않았다고 한다.

우리는 이회창, 이낙연 두 정치인의 아들 사례를 통해 한국 사회에서 지도층일수록 병역 비리 의혹에 휘말려 들지 않아야 하고 누구보다 앞장서 모범을 보여야 함을 다시 한번 확인하게 된다.

박원순 vs 강용석

유명 정치인이 실제로 그 아들의 병역 비리에 책임이 있다면 어떻게 책임을 져야 할까? 장관이 새로 임명되면 국회에서 그가 장관 자리에 오를만한 인물인지를 놓고 인사청문회가 열린다. 장관 후보자가 지난날 벌였던 여러 크고 작은 비리들(병역 비리, 부동산 투기, 남의 논문 베끼기, 위장 전입, 탈세 등)에 대한 갖가지 의혹이 도마 위에 오른다. 그 가운데 가장 큰 결정타는 바로 병역 비리다. 그런 사실 하나만으로 그는 인사청문회를 통과하지 못한다.

이처럼 우리 사회에서 병역 문제는 아주 민감한 사안이다. 공직자로서 병역 비리에 얽힌 사실이 드러나면 그는 (시효가 지났기에 감옥까지는 가지 않더라도) 엄청난 비난을 받으며 자리에서 물러나야 한다. 이와는 반대로, 어떤 사람이 누군가의 병역 비리 의혹을 주장하다가 사실이 아닌 것으로 드러나면 어떻게 될까? "아니면 말고."라는 식으로 엉터리 의혹을 내놓았다간 그에 걸맞은 대가를 치러야 한다. 18대 국회의원이었던 강용석이 그랬다. 그는 "허리 디스크 문제로 병역 면제 처분을 받은 박원순 서울시장의 아들이 병무청에 제출한 허리 디스크 MRI 결과가 조작되었다."라는 의혹을 줄기차게 내놓았다. 하지만 그 의혹이 사실이 아니라는 게 드러나자, 그 책임을 지고 국회의원직에서 물러나야 했다.

만에 하나, 박원순 시장 아들이 MRI 결과를 조작해 허리 디스크를 핑계로 병역을 면제받았다는 사실이 드러났다면 어떻게 됐을까? 박 시장은 자리에서 물러나야 한다는 목소리가 드세지기 훨씬 전에 스스로 시장직을 그만둘 것이고, 아들은 구속돼 재판을 받고 감옥에 가게 될 것이다. 이렇듯 병역 비리를 둘러싼 한국 사회의 눈길은 매우 엄격하다. 더욱 정확하게 말한다면 싸늘하다. "투표장에서 누굴 대통령으로 찍을까 하는 순간에 병역 비리 문제가 떠올라 후보를 바꿔 찍었다."라는 어느 유권자의 말은 병역 비리를 보는 한국인의 민감한 정서를 그대로 보여준다.

집중탐구 조선 시대의 병역 비리

우리나라 역사에는 병역 비리가 없었을까? 권력의 힘을 빌리거나 편법을 써서 어떻게든 군대에 가지 않으려는 모습은 옛날에도 있었다. 조선 시대를 들여다보자. 그때는 양인과 천민으로 신분이 갈렸던 계급 사회였다. 양인에는 우리가 지금도 어쩌다 쓰는 말인 '양반'(일반 행정 관료인 문반, 그리고 군인 관료인 무반을 합친 말)과 일반 평민(대부분이 농민)이 포함된다. 양반과 평민을 뺀 나머지가 천민이다. 소나 개를 잡는 등 궂은일을 하는 사람들과 노비(노예)가 천민에 속한다.

조선 시대에는 요즘 우리가 쓰는 말인 '병역'이란 말보다는 '군역'(軍役)이라는 말을 썼다. 조선 시대엔 군역을 양반과 일반 평민이 맡았고, 천민은 군역에서 빠졌다. 태조 이성계가 조선 왕조를 열 무렵에 양반 인구는 10%가 안 됐고, 일반 평민이 40~50%, 노비를 비롯한 여러 천민 계층이 40~50%였다. 군역을 져야 할 의무가 있는 양반은 이리저리 핑계를 대어 군역을 피하고, 오로지 일반 평민만 군역의 부담을 졌다.

조선 시대의 병역 제도는 평시엔 농부로 일상생활을 하다가 전시엔 군인이 되는 병농 일치의 **국민개병**제였다. 평민 일부는 군인이 되어 몸으로 군역을 때우고, 나머지 농민 대다수는 포(우리말로는 베)를 나라에 바쳐 군역을 대신했다. 문제는 바쳐야 할 포가 1년에 2필로 돈으로 치면 2량, 쌀로는 6두여서 가난한 농민들에겐 큰 부담이었다. 군역은 16살부터 60살까지로 평생을 따라다니는 짐이 됐다.

군역에 시달리다 못한 평민들의 탈출구는 무엇이었을까? 어떤 평민들은 힘 있는 양반 가문의 노비가 되거나 절(사찰)로 들어가 중(승려)이 됐다. 고려 시대와 달리, 조선 시대의 승려는 천민에 속해 군역을 져야 할 의무가 없었다. 노비도 싫고 중이 되기도 싫다면? 한밤중에 몰래 깊은 산속이나 외딴 섬으로 도망쳤다.

농사를 크게 짓는 부잣집 아들이 군대에 가야 한다면 '나 대신 세운다.' 라는 뜻을 지닌 대립(代立)이란 희한한 제도를 이용했다. 돈으로 사람을 사서 대신 군졸이 되도록 했다. 돈 있는 평민이 군역을 빠져나갈 또 다른 길이 있었다. 유학을 공부하는 '향교'(鄕校)에 입학하는 것이다. 오늘날 대학교에 다니면 징집을 뒤로 미뤄주는 것과 비슷하지만, 조선 시대엔 향교 입학을 병역 기피의 수단으로 악용하는 일이 많았다. 임진왜란 뒤엔 병역을 기피하는 사회적 분위기가 더욱 커져 전국의 교생 수가 4만 명을 넘어섰다.

조선 시대 후기에 이르면 더 혼란스러운 모습이다. 군역을 포(布)로 받는 군정(軍政), 토지세를 다루는 전정(田政), 정부의 구휼미 제도인 환곡(還穀) 등 국가 재정의 3대 기둥이 흔들렸다. 이것이 오늘날 국사 교과서에 나오는 '삼정(三政)의 문란'이다. 오래전부터 일반 평민에게 큰 부담이었던 군역은 조선 시대 후기엔 재앙으로 바뀌었다. 탐욕스러운 지방 관리들은 갓난아이, 심지어 죽은 사람도 살아있는 것처럼 꾸며서 포를 바치도록 평민을 쥐어짰다.

견디다 못한 농민이 도망을 간다면? 남은 농민들이 친척이나 이웃이란 죄로 그 부담을 뒤집어써야 했다. 여기서 우리는 조선 시대 후기에 농민들의 반란이 잦았던 까닭을 이해할 수 있다. 조선 왕조가 망한 것은 이웃 나라 일본의 침략 때문이었지만, 이미 오래전부터 조선 왕조는 안에서 무너져 갔다. 그 중심에 병역 제도의 모순이 있었다.

누구를 위한 6개월 석사 장교 제도였나?

그렇다면 여기서 물음표가 생긴다. 왜 그렇게 한국 사회는 병역 문제를 예민하게 받아들이는 것일까? 여기에는 1945년 8·15 광복 뒤 오늘에 이르기까지 한국 현대 정치가 겪어온 여러 어둡고 불편했던 사정들이 깔려 있다. 지금 우리가 살아가는 나라인 21세기의 대한민국은 민주주의 제도가 확실히 뿌리 내린 국가로 전 세계로부터 인정을 받지만, 지난날엔 그러지 못했다.

1948년 정부가 들어선 뒤로 우리 국민은 수십 년 동안 제대로 된 민주주의를 경험하지 못했다. 1960년 4·19혁명으로 무너졌던 이승만 정권은 부패하고 무능했다는 평가와 더불어 독재 정권이란 부정적인 이미지를 갖고 있다. 1961년 5·16쿠데타로 권력을 잡은 뒤 1979년까지 유신 체제로 장기 집권했던 박정희 정권, 1979년 12·12쿠데타 뒤 1980년대를 통치했던 전두환·노태우 정권은 모두 '군사 정권'이란 이름을 얻을 정도로 권위주의적인 통치를 이어갔다.

1990년대 이후 지금껏 군 출신이 아닌 민간인이 이른바 '문민 정권'을 꾸려왔지만, 지난날 '군사 정권'은 한국을 '병영 국가'로 만들었다는 비판을 받아왔다. 학생들은 군복과 다름없는 교련복을 입고 나무총을 손에 든 채 교련 수업을 받아야 했다. 그런 상황에서 국방의 의무가 강조되고 이를 어긴다는 것은 '죽을죄'나 다름없이 여겨졌다. 문제는 일반 서민의 아들들에게는 "병역이 신성한 의무임을 잊지 말라."라고 하면서도 권력층이나 재벌, 사회 지도층의 아들들에겐 그 잣대가 달랐다는 것이다. 대한민국 상층부의 부모들은 탈법으로든 어떻게든 자기 자식을 군대에 보내지 않는 편법을 썼다.

전두환·노태우 정권 때 있었던 일이다. 1984년부터 1992년까지 '석사 장교'라는 이름의 제도가 있었다. 대학원을 마치고 석사 학위를 딴 젊은이들 가운데 극히 일부를 뽑아, 6개월 동안 군사 훈련과 전방 부대 체험을 하게 한 뒤 소위 계급장을 달아주는 것과 동시에 집으로 돌아가게 하는 제도였다. 그 무렵 많은 병사가 3년 가까이 군대 생활을 한 것에 견주면, 너무나 큰 특혜

집중탐구 한국의 노블레스 오블리주, 우당 이회영 6형제

친일파 청산이 제대로 안 된 이 땅에서 "독립운동을 하면 3대가 망하고 친일을 하면 3대가 흥한다."라는 말을 한다. 오래전 어느 독립운동가의 증손자를 만났다. 한학자였던 그의 증조할아버지는 "일본놈에게 나라를 잃게 됐는데 재물이 무슨 소용이냐?"라면서 집과 논밭을 다 팔아 독립운동 자금에 보탰다. 그렇게 이 땅에서 '노블레스 오블리주'를 실천했지만, 그의 후손들은 집안이 기우는 바람에 가난을 대물림했고 학교도 다니질 못했다.

그 증손자는 초등학교만 간신히 마쳤다고 했다. 그런 탓일까, 선비로 이름 높던 할아버지의 존함 석 자를 한문(漢文)으로 쓸 줄 몰랐다. 그와 헤어져 돌아오는 길에 마음이 무거웠다. 친일파 후손들은 일본 유학을 하고 8·15 광복 뒤에 미국 유학을 다녀와 부귀영화를 누렸지만, 독립운동가 후손들은 저학력과 가난을 대물림했다.

2019년은 3·1 독립운동과 상하이 임시정부 수립 100주년을 맞는 해다. 항일 투쟁에서 한국의 '노블레스 오블리주'를 실천하는 데 앞장섰던 인물로 우당 이회영(1867~1932)과 그의 5형제(이시영, 이건영, 이석영, 이철영, 이호영)를 빼놓을 수 없다. 독립운동가 이회영은 이조판서를 지낸 이유승의 아들이다. 명문대가의 자손으로 편안하게 살아갈 수 있었지만, 집안 형제들과 함께 구국 운동의 가시밭길에 온몸을 바쳤다.

1910년 일본이 우리의 국권을 빼앗아가자, 이회영과 형제들은 재산을 다 팔아 40만 원(이즈음 가치로는 600억 원)의 자금을 마련했다. 그러고는 50여 명의 가족과 함께 만주

▌ 우당 이회영 선생

서간도로 갔다. 그곳에서 독립 투쟁의 터전을 닦기 위해서였다. 이회영이 "땅을 팔아 만주에 가서 독립운동을 하자."라고 했을 때 아무도 반대하지 않았다.

압록강을 건너간 이회영 형제들은 1911년 신흥강습소를 세워 반일 투쟁의 뜻을 지닌 청년들을 교육하는 데 힘썼다. 신흥강습소는 그 뒤 신흥무관학교로 이름을 바꾸었고, 1911년부터 1920년까지 약 3,500명이 이 학교를 거쳐 갔다. 졸업생들은 일본군의 간담을 서늘하게 만든 1920년의 두 전투(봉오동 전투와 청산리 대첩)에서 싸웠다. 1940년대 초 임시정부에서 조직한 광복군에도 신흥무관학교 출신들이 함께했다.

1919년 3·1 독립운동이 일어나자 이회영은 상하이 임시정부를 세우는 데 함께했고 임시의정원 의원으로 뽑혔다. 봉오동 전투와 청산리 대첩에서 패한 일본군이 대공세를 펼치자 신흥무관학교는 문을 닫을 수밖에 없게 됐다. 그 뒤 이회영은 중국 상하이를 중심으로 독립운동을 펼치다가, 1932년 만주로 가기 위해 대련행 기선을 타고 상하이 황푸강을 떠났다. 하지만 친일파 조선인의 밀고로 일본 경찰에 붙잡혔고, 모진 고문을 받은 끝에 숨을 거두었다. 3년 뒤 그의 아들 이규창도 상하이에서 친일파를 죽이고 징역 13년을 살다가 8·15 광복으로 풀려났다. 이렇듯 이회영 6형제와 가족들은 자신들의 희생을 무릅쓰고 독립 투쟁에 앞장서는 모범을 보였다.

였다. 누구를 위한 특혜였을까? 그 석사 장교 속에 전두환과 노태우의 아들들이 포함됐고, 이들이 집으로 돌아가자마자 이 제도가 폐지됐다. 석사 장교 제도의 특정 수혜자가 누구였을지는 넉넉히 짐작이 가고도 남을 일이다.

남들 다 가는 군대를 피하려는 꼼수, 또는 법을 어기면서 저질러지는 병역 비리는 교묘하고 은밀하기까지 하다. 꼼수를 부리려다 법정에서 유죄 판결을 받고 감옥으로 간 젊은이가 한둘이 아니다. 그 가운데 이름이 알려진 유명 가수도 여럿 있다. 하지만 이들은 "우린 그저 운이 없을 뿐이야."라고 억울해 한다. 병역 비리가 발각되는 경우보다는 그냥 묻히는 경우가 훨씬 많을 것으로 여겨지기 때문이다.

타워 팰리스의 이중 국적자들, 선택은?

병역 비리를 저지르는 게 아니라 합법적으로 병역을 기피하는 꼼수를 부리는 사람도 있다. 군대 갈 나이가 다 돼서 대한민국 국적을 포기하는 경우다. 우리나라 국적법은 원칙적으로 대한민국 국민이라면 다른 나라 국적을 갖지 못하도록 한다. 이를 학술 용어로는 '단일 국적 주의'라 한다. 한국 국적을 갖고 있었는데 나중에 다른 나라에서 그 나라 국적(시민권)을 받으면 대한민국 국적을 포기해야 한다. 그런데 한시적으로 이중 국적을 가질 수 있도록 예외를 두었다. 한국 국적을 지닌 부모가 외국에 살면서 아이를 낳았을 경우다.

그 아이는 태어난 국가의 시민권을 자동으로 얻는다. 이를테면 미국에서 아이가 태어나면 자동으로 미국 시민권을 지닌다. 그래서 '땅콩 사건'으로 유명한 대한항공의 조현아처럼 원정 출산을 하는 사람도 부지기수다. 아울러 그 아이는 부모가 한국인이므로 한국 국적도 자동으로 지닌다. 이런 이중 국적 상태는 어디까지나 한시적이다. 1998년 개정된 국적법에서는 20세 이전에 이중 국적이 된 사람은 22세 이전에, 20세 이후에 이중 국적을 갖게 된 사람은 2년 안에 한국이든 다른 나라든 하나의 국적만을 선택하게 돼 있다. 이를 어기면? 한국 국적을 자동으로 잃는다.

초점은 병역 의무를 지닌 한국 남자들이다. 정부는 외국에서 태어난 한국 남자가 스스로 국적을 포기해 군대에 안 가는 걸 막으려고 국적법 외에 병역법에 관련 규정을 만들어 넣었다. 2005년 개정된 병역법에 따르면, 이중 국적을 가진 한국 남자는 만 18세 되는 해의 3월 31일 전까지 한국 국적을 포기하지 않으면, 자동으로 한국에서 병역 의무를 져야 한다. 따라서 18살이 될 무렵이면 어느 한쪽으로 국적을 선택해야 한다. 문제는 적지 않은 사람들이 병역 의무를 피하려고 대한민국 국적을 버린다는 사실이다. 이들을 병무청이나 언론에서는 '국적 이탈자'라 부른다.

2005년 병역법을 개정하면서 놀라운 사실이 밝혀졌다. 바로 그해에만 1,820명이 군대에 안 가려고 대한민국 국적을 버렸고, 이들 가운데 한국에 들어와 서울·경기 지역에 살던 사람이 90%였다. 상류층이 많이 사는 서울 강남권에 연고를 둔 사람의 비율이 40%. 대한민국 최고 부자들이 몰려 산다는 타워 팰리스에 연고를 둔 국적 이탈자도 여럿 나왔다. 전 국방부 장관, 전 외무부 장관의 손자들도 국적 이탈자 명단에 들어 있었다.

법무부 통계에 따르면, 군대에 가지 않으려고 한국 국적을 버린 이중 국적자는 해마다 1천여 명씩에 이른다. 이중 국적을 가졌으면서도 "국방 의무를 다하는 게 나에게 주어진 도리"라는 생각으로 스스로 군대에 간 젊은이는 겨우 30여 명에 지나지 않는다. 정부는 군대 안 가려는 생각 하나로 대한민국 국적을 함부로 버리지 못하도록 법적인 장치를 마련했다. 국적을 포기한 이들은 41세 이전에는 한국 국적을 회복하지 못하도록 했다. 20년 가까이 한국에 발을 들여놓지 못하는 가수 유승준도 이와 관련해 여론의 도마 위에 오른 인물이다.

가수 유승준과 김우주 파문

유승준(미국 이름은 스티브 유)은 12살 때 가족과 함께 미국에 이민을 가 미국 영주권을 지녔다. 1990년대 대표적인 솔로 댄스 가수로, 각종 예능 프로그램에 출연하면서 얼굴과 이름을 널리 알렸다. 그런 그에게 위기는 병역 문제로 다가왔다. 2002년 신체검사 결과 4급 판정을 받아 공익근무요원이 될 예정이었다. 하지만 공익근무를 3개월 앞두고 미국 시민권을 얻으면서 대한민국 국적을 포기했다. 그 소식을 들은 많은 국민이

공익근무 직전에 미국 시민권을 얻어 병역 기피 논란을 빚은 가수 유승준 ©유승준 인스타그램 계정

"유승준이 병역 의무를 피하려고 한국 국적을 버렸다."라고 믿었다. 엄청난 비난이 쏟아졌다. 미국 시민권 취득 바로 뒤 유승준은 인천공항을 통해 들어오려다가 도로 미국으로 떠나야 했다.

우리나라 법에는 어떤 외국인이라도 한국에 들어와 경제·사회 질서를 해치거나 선량한 풍속을 해치는 행동을 할 염려가 있다면 입국을 금지할 수 있다. 출입국관리법 제11조 1항 3호는 "대한민국의 이익이나 공공의 안전을 해치는 행동을 할 염려가 있다고 인정할 만한 상당한 이유가 있는 사람에 대하여 법무부 장관이 입국을 금지할 수 있도록 한다."라고 돼 있다. 법무부 관리는 "유승준이 이 경우에 딱 맞는다."라며 입국을 막았다.

한국에서의 가수 활동마저 못 하게 된 유승준은 그 뒤로 자신에게 내려진 조치가 대한민국 헌법을 어긴 것이 아니냐며 소송을 냈지만, 법원은 그의 손

▌병역 기피 혐의로 입국이 거부된 유승준을 가리켜 언론은 화를 자초했다고 평했다.

을 들어주지 않았다. 1·2심 판사들은 "유 씨가 입국해 가수 활동을 한다면, 자신을 희생하며 병역 의무를 다하는 국군 장병의 사기가 떨어지고 청소년 사이에 병역 기피 풍조가 널리 퍼질 우려가 있다."라고 말했다. 정부에서는 앞으로도 유승준이 한국으로 들어오지 못하도록 막을 방침이라 한다. 병역 의무를 꼼수로 피하려 든다면, 그만한 대가를 치러야 한다는 뚜렷한 사례를 유승준이 남긴 셈이다.

유승준 파동이 일어난 지 얼마 안 돼 병역 기피 논란에 휩싸인 가수가 김우주였다. 힙합이 전문인 그는 2004년 신체검사에서 현역 군인으로 들어가라는 판정을 받았지만, 대학교에 다닌다는 이유로 병역을 계속 미루었다. 그러다가 2012년부터 마치 정신질환이 있는 것처럼 엉뚱한 행동을 했다. 김우주는 정신과에서 무려 42차례나 진료를 받았다. 하지만 결국에는 "군대 안 가려고 일부러 꼼수를 부렸다."라는 혐의(병역법 위반 혐의)로 재판에 넘겨졌다.

"8년 전부터 귀신이 보이기 시작했다. 귀신 때문에 놀라 쓰러지는 바람에 응급실에 실려 가기도 했다." 법정에 선 김우주는 이렇게 주장했다. 하지만 재판정은 그런 주장을 받아들이지 않았고 1년 징역형을 내렸다. 군대에 안 가려고 귀신이 보인다는 둥 꼼수를 부린 가수 김우주에 실망한 많은 사람들이 그의 노래를 더는 듣기 싫어했다. 유승준과 마찬가지로 김우주의 가수로서의 생명은 그로써 끝장났다.

▐ 귀신이 보인다며 병역을 기피하려다
유죄 판결을 받은 힙합 가수 김우주
ⓒ올드타임 엔터테인먼트

가수 싸이와 유승준의 차이

앞의 유승준, 김우주와는 달리 병역 비리 논란을 정면 돌파한 가수가 싸이(본명 박재상, 1977년생)다. '강남 스타일' 노래 하나로 한국이 낳은 세계적인 가수 반열에 오른 싸이의 지난날을 살펴보면 화려함보다는 어려움이 많았다. 대마초 사건에 걸려들어 한동안 가수 활동을 접기도 했고, 병역 비리 논란에 휩싸여 사람들을 실망하게 하기도 했다. 하지만 오뚝이처럼 일어섰고 '강남 스타일'로 전 세계 사람들에게 즐거움을 주었다. 그의 오늘이 있기까지는 병역 문제를 빼고 말하기 어렵다.

2002년 그는 연예인으로는 처음으로 산업기능 요원에 뽑혀 현역으로 군에 가지 않고 3년 뒤에 병역 의무를 마쳤다. 그런데 곧 논란의 중심에 섰다. 싸이는 산업기능 요원으로 제대로 일하지 않고 돈벌이 공연을 무려 52회나

했다고 한다. 더구나 싸이는 애당초 산업기능 요원으로 뽑히는 기준에 모자라는데도 돈 봉투를 주고 뽑혔다는 의혹에 휘말렸다. 그에 따라 싸이는 나시 징병 검사를 받고 군 복무를 해야 할 처지에 놓였다.

결국, 2007년 그는 29살 나이에 현역병으로 군대에 들어갔다. 그때 규정으로는 싸이가 14일만 버티면 현역이 아닌, 주민센터 같은 곳에서 일하는 공익근무요원으로 갈 수도 있었다. 하지만 싸이는 현역병을 지원했고 군 훈련소로 들어가 나이 한참 어린 다른 입소자들과 함께 훈련을 받았다. 그리고 육군 제52사단에서 통신병으로 복무하다가 국방부 국방홍보원 홍보지원대로 옮겨 20개월을 채우고 제대했다. 병역 의무를 마치려고 두 번에 걸쳐 55개월을 보낸 셈이다. 사람들은 싸이를 다시 보았다. 가수 생명이 끝날지도 모를 위기가 닥쳐왔을 때 슬기롭게 대응함으로써 대중적 이미지를 좋은 쪽으로 마무리한 셈이다.

프로야구 선수들의 꼼수

프로축구나 프로야구를 비롯한 인기 스포츠 종목의 선수 가운데 병역을 면제받거나, 현역이 아닌 보충역으로 공익근무를 한 선수들이 적지 않다. 남부럽지 않은 튼튼한 체력을 지닌 프로 선수들이 어떻게 현역병으로 가질 않을까? 혹시나 병역 비리에 얽힌 선수는 아닐지 의심을 해볼 수도 있다.

사정을 알고 보면, 많은 운동선수가 저마다 크고 작은 부상을 달고 살아간다. 2018년 프로야구 신인왕을 차지했던 KT의 강백호 선수처럼 경기 중 큰 부상으로 재활 치료를 받기도 한다. 만약 부상 정도가 더 심한 선수라면 병역 신체검사에서 현역병으로 가지 않고 공익근무 판정을 받거나 아예 면제

될 수도 있다. 문제는 프로 운동선수들이 알게 모르게 병역 비리에 관한 유혹을 강하게 받는다는 점이다. 프로는 곧 돈이다. 한창 운동 기량이 좋은 나이에 군대에서 2년쯤 보낸다면, 돈을 벌 수 없다.

2004년 9월 4명의 프로야구 선수들이 운동장에서 한창 경기를 벌이는 도중에 병역 비리 혐의로 붙잡혀 가는 일이 벌어졌다. 그것은 프로야구 병역 비리 사건의 시작에 지나지 않았다. 프로야구 8개 구단에서 모두 56명의 선수가 비리를 저지른 것으로 드러났다. 32명의 선수가 구속되거나 구속 영장이 신청되었고, 24명이 불구속 입건되었다. 일부 선수들은 병역 브로커에게 1인당 수천만 원씩 건네고 약물을 받아 신체검사 때 자신의 소변에 그 약물을 섞어 넣는 술수를 부렸다. 재검(2차 검사) 때엔 징병관이 직접 소변을 받는다. 그때는 몸속의 요도에 미리 약물을 집어넣어 병역 면제를 받은 것으로 드러났다. 병역 비리 브로커 두 사람은 2001년부터 1인당 4천만 원에서 7천만 원씩 모두 42억 원을 받은 혐의로 구속됐다.

비리 정도가 심한 선수들은 재판을 거쳐 감옥에 갔고 어떤 선수들은 도망쳐 숨었다. 법원 판사 앞에 선 선수들은 "너무나 야구를 하고 싶었다."라고 해서 듣는 이들을 어이없게 만들었다. 군대에 안 가고 운동을 하면서 아울러 돈도 벌고 싶었던 그런 선수들을 지켜주려고 수많은 장병이 나라를 지키는 것이 아니기 때문이었다. 법원 판사들은 대체로 징역 8개월에서 10개월의 실형을 선고하면서, 형기를 다 채우고 난 뒤엔 다시 신체검사를 거쳐 병역 의무를 다하라고 훈계했다. 징역형까진 가지 않은 나머지 선수들도 다시 신체검사를 받고 현역 또는 공익으로 병역 의무를 마쳐야 했다. 물론 그동안 야구는 하지 못했다.

병역 특례, 손흥민은 되고 BTS는 왜 안 되나?

2018년 여름 자카르타·팔렘방 아시안게임이 끝난 뒤 한국 사회에서는 '병역 특례'를 둘러싼 논란이 뜨겁게 불거졌다. 아시안게임 축구와 야구 결승전에서 우리나라가 금메달을 딴 뒤에 일어난 후폭풍이었다. 아시안게임 금메달리스트 손흥민(축구), 오지환(야구) 등이 병역 특례를 받을 무렵, 방탄소년단(BTS)이 '빌보드 200'에 진입한 지 3개월 만에 1위를 차지했다. 그러자 병역 특례 대상에 대중 예술인이 들어가지 못하는 현실이 도마 위에 올랐다.

논란의 요점은 "손흥민, 오지환은 되고 방탄소년단은 왜 안 되냐?"로 모였다. 인터넷과 사회관계망서비스(SNS)에서는 "방탄소년단이 이룬 국위 선양도 금메달 못지않다. 병역 혜택을 주는 지금의 방식이 공평하지 못하다."라는 목소리가 높았다. 형평성에서 문제가 있다는 비판은 급기야 청와대 국민청원 게시판에 "지금의 병역 특례 제도를 고쳐야 한다."라는 글로 이어졌다. 많은 이들이 찬동한다는 댓글을 달았다.

청와대 국민청원 게시판에는 일부 선수들에 대한 병역 특례 혜택을 취소해달라는 청원이 올라오기도 했다. 병무청에서 "병역 특례 제도를 전면 재검토해 보겠다."라고 했다. 국방부는 "병무청의 의견은 어디까지나 원론적인 것이고 현재로선 어렵

— 청원종료 —

BTS_방탄소년단 군 면제 청원! _(대중문화예술계 K-POP 등 병역특례법 개정 건의)

참여인원 : [6,129명]

카테고리 문화/예술/체육/언론
청원시작 2019-05-03
청원마감 2019-06-02   청원인 naver-***

▌ 2019년 5월 방탄소년단의 병역 특례 적용을 주장하며 청와대 국민청원에 올라온 글

▍ 2018년 아시안게임에서 금메달 확정 뒤 손흥민 선수를 헹가래 치고 있다.

다.”라는 말로 논란을 매듭지으려 했다. 그러자 다시금 비판과 논쟁의 불길이 타올랐다. 급기야 정부는 체육·예술 분야의 병역 특례 제도를 개선하기 위해 전문기구'를 만들어 각계의 의견을 모아 가겠다고 밝혔다.

병역 특례는 '국위 선양'과 '문화 창달'에 이바지한 예술 및 체육특기자들을 현역 군인 대신 예술·체육요원으로 일하게 하자는 뜻이 담겨 있다. 지금의 병역법에 따르면, 현역으로 안 가려면 올림픽 3위(동메달) 이상, 아시안게임 1위(금메달), 병무청장이 정하는 국제 예술경연대회 2위 이상 또는 국내 예술경연대회 1위를 차지해야 한다. 이들 '체육·예술 요원 병역 특례자'로 뽑힌 사람들은 4주간에 걸친 기초군사 훈련을 받고 체육·예술 요원으로 34개월 동안 '대체 복무'를 한다. 아울러 자신의 특기를 활용해 544시간 동안 봉사 활동을 해야 한다. 이런 조건들이 딸려 있긴 하더라도, 사실상 병역이 면제되는 것이나 다름없는 특혜를 받는 셈이다.

"공평하지 못한 병역 특례, 아예 없애라!"

2018년 아시안게임에 참가해 금메달을 딴 병역 특례 대상자는 모두 42명. 이 가운데 손흥민을 비롯한 몇몇 선수들은 축하를 받았다. 하지만 다른 몇몇 선수들은 "군대에 가지 않으려고 뒤로 미루고 미루다가 아시안게임을 기회로 삼아 남들 다 가는 군대를 피하려 했다."라는 비판을 받았다. 병역 면제의 꿈을 이룬 상황에서 축하보다는 "이제라도 자진해서 입대하라."라는 인터넷 댓글들은 뿔난 민심을 말해주는 듯하다.

병역 특례 문제는 오래전부터 우리 사회의 '뜨거운 감자'였고 대형 스포츠 행사가 있을 때마다 논란이 되었다. 운동선수들은 스포츠를 통한 국위 선양이라는 순수한 뜻보다는 현역으로 군대에 가지 않는 혜택을 노리는 것이 현실이 됐다. 그래서 대표선수를 뽑는 과정에서도 듣기 민망한 불협화음과 잡

▎ 2018년 아시안게임에서 우승한 야구 국가대표팀의 오지환, 김현수 선수

음이 나왔다. 세계를 음악으로 주름잡고 있는 방탄소년단(BTS)의 경우에서 드러났듯이, 지금의 병역 특례는 예술 분야에서 바이올린·피아노·발레 같은 순수예술 쪽만 적용된다. 방탄소년단의 노래 같은 대중음악은 빠져 공평하지 못하다는 비판을 받는다.

"병역 특례를 아예 없애야 한다."라는 목소리들도 들린다. 그들은 "안 그래도 출산율이 낮아져 군대 갈 나이의 젊은이들이 줄어드는 상황에서 병역 특례 제도를 그대로 놔두는 것이 잘못됐고, 형평성에 맞는지 따져 볼 필요도 있다."라고 주장한다. 군대에 가야 하거나 다녀온 사람들에게는 병역 특례가 심리적으로 박탈감을 줄 수도 있기 때문이다. 하지만 이런 주장은 손흥민의 병역 특례를 축하하거나 방탄소년단(BTS)의 병역 문제를 걱정하는 사람들에겐 호소력을 지니지 못했다.

간추려 보기

- 군대를 안 간 사람들 가운데 고위 공직자나 재벌 기업의 후계자들이 많아서 일반인들이 상대적 박탈감을 느낀다.
- 주요 공직자의 인사청문회는 물론 대통령 선거에까지 영향을 끼칠 만큼 병역 비리에 관한 여론이 엄중하다.
- 연예계와 프로 스포츠 등에서도 병역 비리나 병역 특례에 관한 논란이 종종 생긴다.

3장 징병제와 모병제, 무엇이 쟁점인가?

대학생들이 많이 하는 고민거리는 어떤 것들일까? 이와 관련한 조사기관의 자료를

모아보면, 제일 큰 고민은 취업이고, 그다음이 군대 문제(병역), 전공학과 부적응(전과), 휴학, 유학, 알바(아르바이트), 애정 문제를 비롯한 인간관계 등을 고민하는 것으로 나타났다. 취업 문제가 남녀 학생 모두 졸업 즈음의 일이라면, 병역 문제는 남학생들에게 좀 더 가까운 현실적인 고민이다. 군대에 간다면 언제 갈지, 휴학하고 갈지 졸업하고 갈지, 군대 간 사이에 사귀던 여학생이 고무신을 거꾸로 신으면 어쩌지……. 이런저런 고민의 끈을 놓지 못한다. 그러다가 문득 지금의 징병제가 모병제로 바뀌면 얼마나 좋을까 하고 생각한다.

모병제는 개인의 자유로운 의사에 따라 지원자가 국가(국방부)와 계약을 맺어 군인이 되는 제도다. 징병제는 개인의 뜻과는 아무 상관 없이 국가가 국민 모두에게 군 복무 의무를 지우는 제도다. 군대는 전쟁에 대비하기 위해 만들어진 합법적 무장 집단이다. 바깥의 군사적 위협으로부터 나라와 국민의 안전을 지키는 큰 힘이 군대에서 나온다. 징병제냐, 모병제냐 하는 문제는 결국에는 언제 터질지 모를 전쟁에 대비해서 군 병력을 어떤 방식으로 모을 것인가에 관한 것이다.

징병은 국가가 법률에 따라 국민에게 병역의 의무를 지우고 일정한 기간 군인으로 일하도록 하는 강제적인 병역 제도를 가리킨다. 여기서 '강제적'이란 군대에 가고 싶지 않다고 해서 가지 않을 수 있는 자유는 없다는 뜻이다. 그래서 어떤 사람들은 징병제가 대한민국의 헌법에서 말하는 '자유'의 개념과 상당히 거리가 있다고 불평을 털어놓기도 한다.

그동안 징병제는 여러 가지 문제점을 드러냈다. 특히 군에서 폭력 사건이나 사망 사건이 터질 때 징병제를 비판하고 변화를 요구하는 목소리가 커진다. 정부에서는 군대 안의 병영 문화를 밝게 고쳐 폭력을 줄이고 군대에 적응을 잘하지 못하는 이른바 **'관심 병사'**들에 대한 관심을 높임으로써 징병제

▌ 제1차 세계대전 때 나붙은 미국(왼쪽)과 영국(오른쪽)의 지원병 모집 포스터

집중탐구 대한민국의 징병제와 한국전쟁의 비극

대한민국 정부 수립 1년이 지난 뒤인 1949년 8월 병역법이 만들어지면서 징병제가 자리 잡았다. 이 법에 따라 1950년 1월 첫 번째 징병 검사가 이뤄졌다. 그런데 그 검사를 끝으로 징병제가 없어졌다. 남한의 최대 원조국이었던 미국이 대한민국의 무장을 바라지 않았기 때문이었다.

1945년 8·15 광복 뒤 일본군 무장해제를 명분으로 남한에 들어온 미군은 3년 동안 군정을 편 뒤 이승만 정부에게 정권을 넘겼다. 그러면서 남한의 군 병력 규모가 10만 명을 넘지 않도록 했다. 이승만 정권이 북한에 대해 군사행동을 벌이지 못하도록 하기 위해서였다. 그런데 징병제를 한다면 얘기가 달라진다. 병력 10만 명을 쉽게 넘길 수 있다고 본 미국은 이승만 정부에게 압력을 넣었다. 정부는 마지못해 징병제를 폐지해야 했다.

남한이 다시 징병제로 돌아가게 한 것은 한국전쟁이었다. 1950년 9월 인천상륙작전이 성공한 뒤 정부는 전시 동원체제를 갖추면서 징병제를 다시 들였다. 전쟁의 혼란 속에 제 발로 스스로 군대로 걸어 들어가려는 사람은 그리 많지 않았다. 길에서 지나가는 남자를 강제로 데려가고, 집을 뒤져

▌ 한국전쟁이 터진 1950년 8월 대구 징병사무소. 신병들은 짧은 군사 훈련을 받고 바로 전선으로 갔다. ⓒ국방부

데려가는 일도 잦았다. 그렇게 모인 국민방위군이 70만 가까이 됐다.

하지만 이들을 통솔하던 일부 군 간부들의 부패와 무능력이 문제였다. 병사들에게 돌아가야 할 식량과 군복을 빼돌려 암시장에 내다 팔아 배를 불렸다. 그로 말미암아 5만 명(일설에는 12만 명)이 굶어 죽거나 얼어 죽

었다. 동상에 걸려 발가락이나 손가락을 잃은 사람만도 20만 명에 이르렀다. 한 조사 결과에 따르면, 국민방위군의 80%가 신체적·정신적 상처 탓에 전투능력을 잃어버렸다고 한다.

전쟁 중에도 이 비극에 대한 비판 여론이 들끓었다. 이승만 정부는 성난 민심을 다독거리느라 진땀을 흘려야 했다. 문제의 국민방위군 간부 5명은 총살형을 받았다. 전쟁이 끝나고도 많은 사람이 그때의 비극을 쉽게 잊지 못했다. 국민방위군 사건은 1950년대 이후 한국 사회에 무슨 수를 써서라도 징병을 피하려는 분위기가 널리 퍼지는 데 영향을 끼쳤다.

에 따른 문제점들을 고치려고 노력했다. 징병제에 비판적인 사람들은 "징병제에 따른 문제점을 징병제로는 고칠 수 없고 모병제로 바꾸는 것이 근본적인 해결책이다."라고 주장한다. 하지만 징병론자들은 "모병제를 하는 미국을 봐라. 그쪽 군대에서도 사건·사고들이 늘 터진다."라고 반박한다.

징병론의 세 가지 근거

징병제를 모병제로 바꿔선 안 된다고 말하는 사람들은 어떤 생각에서 이런 주장을 펴는 것일까? 이유는 크게 세 가지다.

첫째, 모병제로 바꾸면 지원자가 줄어들고 따라서 필요한 최소 병력을 채우지 못해 국가 안보가 불안해진다는 주장이다. 징병제를 그대로 둬야 한다는 사람들이 가장 목소리를 높이는 부분이 "국가 안보를 튼튼히 하기 위해선 일정 규모 이상의 병력을 유지해야 하는데, 모병제로는 그것이 어렵다. 병력이 모자라면 전쟁에서 이길 수 없다. 머릿수가 중요하다."라는 대목이다.

현대 전쟁에서 첨단 군사기술의 비중을 무시할 수는 없지만, 병력 규모가 얼마나 되는지도 또한 중요한 게 사실이다. 징병론자들은 "아무리 월급을 많이 주고 대우를 잘해준다고 해도 모병제로는 군이 필요로 하는 최소의 병력을 확보하기 어렵다."라고 주장한다. 그러면서 정원을 채우지 못해 고민하는 일본 자위대를 하나의 보기로 꼽는다.

국방부가 2019년 1월에 펴낸 〈2018 국방백서〉에 따르면, 한국군의 총 병력은 약 60만 명으로, 북한군 병력 128만 명의 절반에 그친다. 북한은 정규 군대 말고도 돌격대, 노농적위군, 붉은청년근위대 같은 준군사조직까지 꾸리고 있다. 이들을 다 합하면 200만 명에 이르는 것으로 알려진다. 모병제를 주장하는 쪽에선 "정예 강군 30만 명이면 충분하다."라고 하지만, 북한에 견주면 차이가 크다.

현대 전쟁에서 최신예 첨단무기와 군사기술이 전쟁의 승패를 가르는 데 중요한 역할을 하는 것은 사실이지만, 앞에서 말했듯이 병력의 많고 적음도 결코 무시할 수 없다. 더구나 북한이 여러 차례의 핵실험을 통해 핵무기를 사실상 개발·보유한 군사 강국이라는 점에서, 병력을 줄이고 모병제로 바꾸는 것은 아직 이르다는 것이 징병론의 주장이다.

둘째, 징병제를 모병제로 바꾸면 국가 재정에 큰 부담이 된다는 주장이다. 모병제로 군에 지원하는 젊은이들은 직업이 군인인 만큼 국가로부터 월급을 더 받는다. 한국의 국방비는 전 세계 10위 규모로 2019년도 **국방 예산**은 47조 원(정확히는 46조 6,971억 원)에 이른다. 이 가운데 전력운영비용(인건비+급식비+피복비)이 3분의 2쯤 차지한다. 따라서 모병제를 시행하면 늘어날 인건비만큼 국방비가 더 늘어나는 셈이다.

▌ 육군 특수전교육단에서 해상 침투 훈련 중인 병사들. 모병제로 하면 병력 충원이 어려울 것
이란 지적이 나온다. ⓒ대한민국 육군

국방비가 나라 전체 예산에서 차지하는 비중은 해마다 다르지만 대체로 14% 안팎을 차지한다. GDP 대비 국방비 비율에서 한국은 2.3%로 다른 나라들보다 높은 편이다(2019년 통계. 일본은 0.9%, 중국은 1.3%). 따라서 모병제로 바꾸지 말고 지금의 징병제를 그대로 둬야 옳다고 여기는 사람들은 이렇게 주장한다. "안 그래도 국방 예산이 나라 살림에서 차지하는 부담이 크다는 점을 떠올리면, 모병제로 말미암아 군인들의 월급을 포함한 인건비가 늘어나는 것은 엄청난 재정적 부담이 되고 따라서 모병제는 현실적으로 바람직하지 않다."

"금수저는 빠지고 흙수저만 군대 간다."

셋째, 모병제로 바꾸면 부자는 빠지고 가난한 사람들만 군대로 가게 되니 공평하지 못하다는 주장이다. 한마디로 '무전 입대, 유전 면제'가 된다는 것이다. 지금의 징병제를 그대로 놔둬야 한다고 주장하는 사람들은 "모병제로 바꾸면 결국 가난한 사람만 군대 가라는 것 아니냐. 모병제는 말도 안 된다."라고 목소리를 높인다. "언제 죽고 다칠지 모르는 위험한 직업이 군인인데 달마다 200만 원쯤의 돈을 받고 위험을 무릅쓰려 할 '부잣집 도련님'은 없을 것이다. 사는 형편이 어려운 집의 젊은이들만 군에 입대할 것이다."라는 것이 핵심 주장이다. 그들은 모병제가 또 다른 계층 간 갈등을 빚어낼 가능성도 있다고 지적한다. 모병제가 '금수저'의 병역 면제를 합법적으로 보장한다는 비판이다.

모병제를 시행하면 군대가 과연 흙수저로만 채워질 것인가? 미국의 사례를 보면 위의 주장이 어느 정도 설득력을 지닌다. 미국은 베트남 전쟁이 한창 고비를 넘기고 베트남에서 철군을 준비하던 무렵인 1973년 징병제를 폐지하고 모병제로 바꾸었다. 그 뒤로 미군에 스스로 걸어 들어간 젊은이들의 사회 계층을 따져보니, 소득이나 재산에서 하위 계층이 압도적으로 많았다. 고등학교를 중퇴했거나 가까스로 졸업했지만 이렇다 할 기술이나 재산이 없기에 앞날이 흐린 가난한 백인들과 흑인들이 지원병의 다수를 이루었다. 하지만 이를 긍정적으로 보는 반론의 목소리도 있다. 저소득층에게 군대는 긍지를 지닐 수 있는 어엿한 직업이며, 다양한 인종이 모여 사는 미국에서 군대는 하나의 거대한 용광로처럼 너와 나의 차이를 없애주는 기능을 한다는 것이다.

봉준호 감독의 영화 〈기생충〉에서 보듯이 잘사는 사람들과 못사는 사람

▌해군 훈련병들이 가족들로부터 온 편지를 보며 즐거워하고 있다. 징병제를 폐지하면 가난한 계층에서만 군대에 갈지는 논란거리다. ⓒ대한민국 해군

들 사이의 빈부 격차는 한국 사회에서 오래전부터 커다란 사회문제였던 게 사실이다. 하지만 우리 인간이 지닌 자유권 가운데는 직업 선택의 자유도 중요한 가치다. 따라서 모병제를 주장하는 사람들은 "직업을 군인으로 선택하는 것은 개인의 자유와 행복을 추구하는 인류 보편의 가치에서 어긋나지 않는다."라고 반론을 편다.

모병제의 목표는 '정예 강군'

앞서 살펴보았듯이, 징병론자들은 "모병제로 바뀌면 지원자가 줄어들 것이고 병력이 모자라면 전쟁에서 이길 수 없다."라고 말한다. 하지만 모병론자들은 이렇게 반박한다. "군인 머릿수가 중요하지만, 21세기는 더는 인해전술로 전쟁을 하는 시대가 아니다." 인해전술이란 말 그대로 바닷물처럼 수많은 병사가 한꺼번에 공격해 들어가는 전술이다. 한국전쟁 때 중국 인민지

집중탐구 국민군으로 이뤄진 나폴레옹의 군대

지난날 왕이 절대 권력을 휘두르던 무렵의 군대는 '국민의 군대'가 아니었다. 정확히 말해 '왕 개인의 군대'였다. 오늘날 민주 국가의 군대와는 성격이 딴판이었다. 내가 누구를 위해 목숨을 건단 말인가 하는 회의에 빠져 걸핏하면 도망쳤고, 때로는 반란을 일으키기도 했다. 그래서 왕과 귀족들은 저마다 용병을 고용해 자신의 영토를 지켰다.

'왕 개인의 군대'가 억지로 전쟁을 하는 백성이나 용병으로 채워졌다면, '국민의 군대'는 전혀 성격이 다르다. 사람들이 내 나라 내 가족을 지키려고 기꺼이 총을 잡는 군대다. 징병제는 모든 국민이 국방의 의무를 진다는 이른바 '국민개병'의 뜻에 따라 만들어진 제도다. 그 출발점은 18세기 말 부패하고 무능했던 루이 왕조를 시민혁명으로 무너뜨렸던 프랑스였다. 국민군을 만든 인물은 나폴레옹 보나파르트(1769~1821). 루이 왕조가 무너지는 것에 놀란 유럽의 왕국들이 프랑스의 혁명 정부를 위협하자, 프랑스는 나폴레옹의 지휘 아래 국민군으로 뭉쳐 싸웠다.

나폴레옹이 한때 유럽을 호령할 수 있었던 것은 그 개인의 뛰어난 군사적 천재성과 더불어 징병제도 아래 국민군이 된 프랑스의 젊은이들이 똘똘 뭉쳤기 때문이다. 그들은 '왕의 군대'와 달리 국가를 향한 충성도, 다시 말해 "내 나라와 국민은 내가 지킨다."라는 애국심이 훨씬 강했다. 나폴레옹은 나중에 전쟁에서 지고 머나먼 엘바섬으로 귀양을 가 쓸쓸히 죽었지만, 그가 몰락한 원인은 '국민의 군대' 자체에 있지 않고 여러 다른 요인들에서 찾아진다. 이를테면 1812년 러시아를 침공했다가 추위와 굶주림으로 물러나면서 많은 병사를 잃은 것도 나폴레옹의 몰락을 앞당기는 원인이 됐다. 나폴레옹의 프랑스와 전쟁을 거치면서 많은 병력이 필요해진 유럽 국가들은 너도나도 징병제를 들였다. 제1차 세계대전(1914~1918)에서 유럽 국가들이 엄청난 숫자의 군인들을 짧은 시일 안에 확보할 수 있었던 것도 징병제 덕분이었다.

▎ 유격 훈련장에서 땀을 흘리는 병사들 ⓒ대한민국 육군

원군 병사들이 압도적인 숫자를 앞세워 돌격하던 공격 전술이 대표적인 보기이다.

　모병제를 주장하는 사람들은 "현대 군대의 전투력은 머릿수보다는 기술력에서 나온다."라고 입을 모은다. 병력의 많고 적음보다는 미사일이나 로켓처럼 살상력이 엄청난 첨단 파괴 무기들을 얼마나 효과적으로 사용하는가가 전쟁의 승패를 가른다는 것이다. 실제로 2003년 미국이 이라크와 전쟁을 벌였을 때도 이라크 군인 숫자가 미군보다 훨씬 많았지만, 전쟁은 미국의 승리로 끝났다. 따라서 징병제 폐지와 모병제 도입을 주장하는 사람들의 주장도 어느 정도 설득력을 지닌다고 볼 수 있다.

　모병제는 초점을 병력 규모가 아니라 전문성과 군사기술에 맞춘다. 병력 숫자를 줄이더라도 육해공 어느 분야의 군인이든 그가 맡은 분야의 전문성을 더 높여 정예병을 만드는 것이 더 중요하다는 얘기다. 또한, 군 지휘부는 첨단무기 개발이나 도입에 힘써 전투력을 높이는 것이 국가 안보를 튼튼히 하는 길이라 주장한다.

모병론자들의 궁극적인 목표를 네 글자로 줄이면 다름 아닌 '정예 강군'이 다. 하지만 징병론자들은 "정예 강군이 좋은 줄 누가 모르느냐? 그러려면 엄청난 돈이 든다. 지금 현실에선 징병제가 답이다."라고 반론을 편다. 이제부터 징병과 모병을 둘러싼 여러 논쟁점을 하나씩 좀 더 자세히 살펴보자.

"인해전술 시대 끝났다" vs "현대전은 총력전"

징병제를 유지해 나가야 한다고 주장하는 사람들은 한결같이 "모병제로 바꾸면 필요한 병력을 제대로 모으기 어렵다. 미국이나 독일, 일본 등 모병제

한국 정부는 병력을 줄이고 정예화하는 방향으로 군을 개혁하고 있다. 유격 훈련 중인 기계화 보병 사단 병사들. ©대한민국 육군

를 하는 여러 나라에서 이 문제가 드러났다."라는 점을 지적한다. 남북이 군사적으로 대치하는 현실에서 징병제 폐지는 병력 충원에 문제를 일으킬 가능성이 크다는 것이다.

위의 주장에 대해 모병론자인 김기원 방송통신대 경제학과 교수는 이렇게 반박한다. "인해전술의 시대는 이미 지났다. 첨단무기와 그것을 전문적으로 다루는 정예병 중심으로 안보를 굳건히 해야 할 세상이 되었다. 뭔가 좀 알 만하면 제대하는 지금의 징병제로는 전쟁기술도 잘 축적되지 않는다."

모병론자들은 "현대 군대에선 병력의 규모가 다가 아니다."라고 말한다. 인공지능(AI)이나 정보통신기술(IT)을 활용한 첨단 무기 체계를 더 많이 들여오면 병력 규모를 줄여도 된다고 주장한다. 이럴 때 첨단 군사 장비를 익숙하게 다룰 줄 아는 숙련된 전문 병사들이 필요하고 모병제에서 가능하다. 길어야 2년도 안 되는 짧은 기간을 군대에 머물다 떠나는 징병제로는 숙련된 전문 요원을 확보하기 어렵다.

하지만 징병론자들의 생각은 다르다. 현대 전쟁은 전선에서 싸우는 병사들뿐 아니라 후방의 온 국민이 힘을 합쳐야 하는 총력전 양상이다. 징병제를 거쳐 입대했다가 군을 나서는 수많은 예비군은 전쟁이 터지면 국가 안보의 큰 기둥 역할을 맡을 수 있다. 징병론자들은 이러한 여러 이유로 "적어도 통일이 될 때까지는 모병제로 바꾸긴 어렵다."라고 주장한다. 징병제 말고는 현실적 대안이 없다는 얘기다.

모병제를 주장하는 사람들은 "한국 군대가 더는 머릿수에 집착하지 말고 첨단 무기 체계로 무장한 정예병의 부대로 거듭나도록 체질을 바꿔야 한다."라고 주장한다. 한국 정부는 물론 그런 노력을 기울인다. 국방부가 여러 차례에 걸쳐 국방 개혁의 청사진을 발표하면서 정예병을 기르겠다는 의욕을 보였다. 2009년에 내놓은 〈국방 개혁 기본계획 2009~2020〉, 2011년에 내놓은 〈국방 개혁 기본계획 2011~2030〉 등이 그러했다. 그리고 가장 최근에는 2018년 〈국방 개혁 2.0〉을 발표했다.

〈국방 개혁 2.0〉에는 육해공군의 최첨단 무기 도입과 정예병 계획의 청사진이 담겨 있다. 지난날처럼 머릿수로 밀어붙이는 대규모 공격 방식 대신에 정밀 표적 타격 시스템을 갖추고 현대 전쟁을 벌일 수 있도록 하고, 대규모 병력 중심의 재래식 군대를 첨단과학 기술군으로 정예화하는 쪽으로 군대를 구조적으로 개혁한다는 내용이다. 이에 따라 2018년 현재 61만 8천 명의 병력은 2022년까지 50만 명으로 줄어든다.

하지만 현실을 돌아보면 한국군은 다른 주요국 군대에 견주어 아직 최첨단 무기를 갖추지 못했다. 그보다 한 단계 낮은 무기들로 무장한 것이 현실이다. 왜 그럴까? 기술적인 문제보다는 결국 예산이 걸림돌이다. 이와 관련, 징병론자인 김진항 한국안보문제연구소 이사(예비역 육군 소장)는 이렇게 말한다.

"군의 실상을 잘 모르는 언론인들은 모병제로 첨단 기술 군을 유지하는 것이 좋다고 한다. 그 좋은 것을 모르는 사람이 어디 있겠느냐? 막대한 예산을 감당할 수 없어서 그렇게 하지 못하는 것이다. 아직 우리 군의 실정은 양적인 병력으로 국방을 할 수밖에 없다. 그러므로 지금 한국에 맞는 병역 제도는 징병제다."

낮은 출산율에 따른 '병역 절벽'

갈수록 출산율이 낮아지고 경제 활동 인구가 줄어드는 것도 징병·모병 논쟁에서 중요하게 살필 부분이다. 이른바 '인구 절벽'은 한국 사회가 부딪친 큰 문제 가운데 하나다. 21세기의 한국은 세계적인 저출산 국가에 속한다. 통계청이 2019년에 내놓은 〈2018년 인구 동향 조사〉 자료에 따르면, 2018년 한국의 출산율은 출생통계를 처음 냈던 1970년 이래 가장 낮은 0.98명이다. 여성이 임신할 수 있는 기간(15~49세)에 낳을 것으로 기대되는 평균 출생아 숫자가 1명도 되지 않는 셈이다(참고로 경제협력개발기구(OECD) 회원국들의 평균 출산율은 1.68명이다).

인구학자들은 그 나라의 인구가 줄어들지 않으려면 출산율이 2.1명이 돼야 한다고 본다. 다시 말해서, 한 부부가 적어도 2명의 아이를 낳아 길러야 인구가 줄어들지 않는다. 하지만 한국의 출산율은 이의 절반에도 못 미친다. 인구 감소가 한국의 경제와 사회의 안정을 뿌리째 흔들 위험성이 크다. 생산적 활동으로 경제 안정에 이바지해야 할 젊은 층의 인구가 줄어들면, 우리 사회의 경제 에너지도 떨어지기 마련이다.

낮은 출산율로 비롯된 인구 감소는 군대에 갈 나이의 병사들도 그만큼 줄어드는 것을 뜻한다. 통계청이 2019년에 발표한 〈장래인구 특별추계 2017~2067년〉 자료에 따르면, 한국 총인구가 2028년에 정점을 찍고, 그 뒤부터는 해가 갈수록 줄어든다. 따라서 2029년은 '인구 절벽'이 시작되는 해이다. 통계청의 또 다른 조사로는 만 20세 남성 인구가 2012년부터 지속해서 줄어들고, 2022년엔 30만 명 선이 무너진다. 국방부는 징병 대상이 23만 명에 지나지 않을 2022년을 '병역자원 절벽의 해'로 꼽는다. 군사전문가들은 "이런 낮은 출산율이 이어지면 징병제가 뿌리째 흔들릴 수 있다."라고 걱정한다.

출산율이 낮아짐에 따라 부모가 자식을 군대에 보낼 때의 마음도 예전과 달라지기 마련이다. 한 집에 한 자녀가 대부분인 마당에 금이야 옥이야 키운 아들을 군대로 선뜻 보내고 싶은 마음이 드는 부모는 그리 많지 않을 것이다. 따라서 징병론자들은 이렇게 말한다. "모병제로 할 때 얼마나 많은 부모가 자식을 군대로 보낼까 생각하면 답이 나온다. 우리나라가 갈수록 저출산인 마당에 모병제로 바꾼다면, 우리 군대에서 필요한 최소의 병력을 유지하는 것은 더 힘들어진다."

모병론자, "머릿수를 경제 활동 인구로 봐야"

모병론자들은 똑같은 인구 감소 현상을 놓고 다르게 본다. "인구가 줄어들면 경제 활동 인구가 줄어드는 것을 뜻한다. 징병 대상이 줄어드는 것만 신경 쓰지 말고 경제 활동 인구가 줄어드는 것도 신경 써야 한다."라는 얘기다. 모병론자들은 "어차피 지난날과 같은 병력 규모를 이어가기 힘들다면, 징병제를 고집하지 말고 오히려 모병제로 바꾸어 국가 안보와 더불어 국가 경제를 살리는 길을 찾아야 한다."라고 목소리를 높인다.

한창 일할 나이의 젊은이에게 병역 의무를 지우기보다는 사회에서 생산적인 경제 활동을 하도록 이끄는 것이 국가에 도움이 될 수도 있다. 이를테면 지금의 병력 규모 60만 명을 30만 명으로 줄인다고 할 경우, 30만 명만큼의 경제 활동 인구가 늘어나는 셈이다. 앞에서 썼듯이, 국방부는 〈국방 개혁 2.0〉에 따라 2022년까지 병력을 50만 명으로 줄인다. 모병론자들의 계산법을 빌리면, 만에 하나 병역 제도를 모병제로 바꾸고 총 병력을 30만 명으로 줄인다면, 경제 활동 인구는 20만 명 더 늘어난다.

징병제 폐지론자들이 모병제를 말하면서 보기로 꼽는 나라가 독일이다. 2011년 징병제를 모병제로 바꾸면서 독일 정부가 내세운 이유 가운데 하나 는 "저출산으로 인구가 줄어드는 탓에 병력 충원과 경제 활동 인구 충원이 갈수록 어려울 수밖에 없다. 그럴 바에는 경제 활동 인구를 늘리는 것이 낫 다."는 것이다. 하지만 징병론자들은 "독일이 병역 제도를 바꾼 가장 큰 이유 는 베를린 장벽 붕괴(1989)와 독일 통일(1990)로 안보 불안이 사라졌기 때문" 이라는 반론을 편다. 남북한이 통일은커녕 군사적 긴장 상황을 이어가는 마 당에 독일의 모병제를 따라갈 수 없다는 것이 징병론의 요점이다.

모병론자들은 그런 반론이 전부 틀린 것은 아니라고 인정하면서도, 자신 들의 주장을 굽히지 않는다. "의무적인 군 복무 제도를 없애면 젊은이들이 군 대 대신 사회에서 더욱 생산적인 활동을 할 수 있고, 경제 활동 인구 감소라 는 인구 절벽이 낳은 문제를 풀 실마리가 될 것이다"라고 목소리를 높인다.

모자라는 병력, 용병으로 채운다?

모병제로 바꾸면 군 병력이 줄어들 것이라는 점은 징병론자들이 한결같이 짚고 넘어가는 대목이다. 그렇다면 모병제 아래서 군이 필요한 최소의 병력 마저 채우지 못할 때 묘수는 없을까?

소설가 복거일(문화미래포럼 대표)은 '**용병**' 제도를 들여와야 한다고 주장한 다. 이즈음 우리 사회의 '더럽고, 어렵고, 위험한' 이른바 3D에 속하는 일자리 를 점점 많은 외국인이 채우고 있다. 복거일은 "기피 업종을 말할 때 군대보 다 더한 직업이 있겠느냐?"라면서 우리 군대에도 외국인을 받아들여야 한다는 주장을 편다.

하지만 이런 주장에 고개를 끄덕일 사람은 많지 않을 듯하다. 군대의 중요 덕목 가운데 하나가 충성도라는 점을 생각하기 때문이다. 돈을 벌려고 군대에 들어온 외국인이 우리의 안전을 지키려고 죽음을 마다하지 않으리라고는 기대하기 어렵다.

극보수인 조갑제는 모병제 자체가 용병 제도라고 비판한다. "모병제 아래서 군인은 돈을 바라고 군대에 들어가기에 용병이나 다름없고 따라서 모병제는 우리나라 헌법에 어긋난다."라는 주장을 편다. 또한, 그는 용병의 성격이 강한 모병제는 남북 대결 구도에서 남한의 군사력을 약화시킬 뿐이라 여긴다.

일반적으로 '용병'을 바라보는 사람들의 눈길은 따뜻하지 못하다. "애국심으로 나라와 국민을 지켜야지, 어떻게 돈을 바라고 싸우는 사람들에게 우리의 안전을 맡길 수 있겠나?"라고 생각한다. 역사를 돌아보면, 충성도가 약한 용병들 때문에 애를 먹은 일이 한둘이 아니다. 모자라는 병력을 이래저래 용병으로 채우는 방안은 우리 국민의 정서에 맞지 않는 것 같다.

금수저·흙수저 논쟁

징병제냐, 모병제냐의 논쟁은 정치권에서도 벌어진다. 2016년 유승민 의원(바른미래당)은 어느 대학교에서 열린 특강에서 모병제를 다음과 같이 비판했다. "최근 일부 정치인들이 '정예 강군을 만들겠다'라며 주장하는 모병제는 '부잣집 애는 군대에 가는 사람이 없는데, 없는 집 자식만 군대에 가라는 것'이다. 모병제를 주장하는 것은 우리나라 현실에서 정말 말이 안 되는 정의롭

집중탐구 용병, "애국심보다 돈을 준 사람 위해 싸운다."

전쟁을 왜 하느냐고 군인들에게 묻는다면 "내 나라와 민족 그리고 내 가족을 지키려고 싸운다."라고 대답할 것이다. 어떤 이들은 오로지 돈을 벌려고 전쟁터에 뛰어든다. 이들이 바로 '용병'이다. 용병의 역사는 오래됐다. 2,200년 전 카르타고의 한니발 장군은 40마리의 코끼리와 함께 알프스산맥을 넘어갈 때 많은 용병을 데려갔다. 로마제국 본토로 쳐들어가 무려 15년 동안 싸웠던 한니발의 군대는 카르타고 출신보다 용병들이 훨씬 많았다. 그런 외인 용병들이 없었다면 한니발의 위대한 군사적 업적도 없었을 것이다.

로마제국에도 용병이 있었다. 로마 시민이 아닌 이민족 병사들이 로마제국을 위해 싸웠다. 문제는 로마제국의 군대에서 용병의 비중이 갈수록 커지는 것이었다. 용병이 많아질수록 군대의 충성도나 단결력이 떨어지기 마련이다. 로마제국이 망한 것은 용병대장이 반란을 일으켰기 때문이었다. 용병을 사서 쓰다가 나라가 망하는 값비싼 대가를 치렀다.

오늘날에도 용병이 있다. 가장 많은 용병을 쓰는 나라가 미국이다. 민간 보안기업에 고용된 무장 경비원들이 중동 지역에서 요인 경호, 시설 경비 등을 한다. 총으로 무장한 이들은 전투를 벌이기도 한다. 미국에서는 용병이란 말을 쓰지 않고 '보안 요원'이라 한다. 대부분은 특수부대원 출신으로 전투 경험이 풍부한 사람들이다. 이라크에서는 한창 많을 땐 1만 명쯤 있었다.

용병들의 활동무대는 이라크, 아프가니스탄, 파키스탄, 콜롬비아 등 분쟁 지역이다. 용병들은 전쟁 흐름을 바꾸기도 했다. 다이아몬드 이권을 둘러싼 내전이 벌어졌던 아프리카 시에라리온의 예가 그랬다. 1991년 혁명연합전선(RUF)이 반란을 일으킨 뒤, 다이아몬드가 반군 지배 아래 들어갔다. 반군들은 살육과 성폭력을 일삼았다. '블러드 다이아몬드'라는 영화를 보면, 도끼로 사람들의 손목을 자르는 끔찍한 모습이 나온다. 1994년 수도 프리타운 20km까지 반군이 진격해 들어오자, 헬리콥터와 탱크를 탄 백인 전투원들이 나타나 반군을 몰아냈다. 그들은 남아프리카공화국 출신의 용병들이었다.

정치적으로 불안정한 분쟁 지역의 일부 국가들은 용병에게 유전 또는 광산의 경비를 맡기면서, 그 대가로 채굴권을 넘기기도 한다. 시에라리온, 콩고, 앙골라 등 풍부한 자연자원의 이권을 둘러싼 내전은 용병들에게 돈벌이 기회를 주었다. 용병들에겐 애국심 같은 이념은 중요하지 않다. 오로지 그들을 고용한 고객을 위해 싸울 뿐이다.

지 못한 발상"이라고 지적했다. 그러자 바로 다음 날, 모병론자인 남경필 당시 경기지사가 유 의원의 말을 반박하고 나섰다. "모병제는 개인의 자유와 행복 추구라는 인류 보편적인 가치에 바탕을 둔다. 그런 정책이 정의롭지 못하다는 것은 잘못됐다."

이 두 사람의 논쟁을 지켜보던 김종대 의원(정의당)은 남경필 지사의 주장에 손을 들어주면서, 유 의원의 모병제 비판에 다음과 같이 물음표를 던졌다. "모병제로 하면 군대가 온통 '없는 집의 공부 못하는 애들이나 가는 곳'이 될까? 그렇게 되진 않을 것이다. 둘째, 설령 그게 사실이라 하더라도 없는 집 애들이 직업군인이 되는 것이 왜 정의가 아닌가?" '없는 집 애들만 군대에 가게 될 것'이란 주장은 사회 상층부와 하층부의 계층을 구별 짓고 차별하는 나쁜 논리라는 비판이다.

출산율이 떨어지고 부모들이 자식을 군대에 보내는 것을 예전보다 훨씬 부담스럽게 여기는 사회적 분위기로 미뤄 보면, 징병제가 없어지고 병역 제도가 모병제로 바뀌면 군대가 자칫 경제적 약자들로 채워질 가능성이 큰 게 사실이다. 잘살고 못사는 여러 사회 계층의 자식들이 군대에 골고루 분포되는 것과는 다른 모습이 된다. 그러면 군대가 모든 계층을 대표하는 집단이 아니므로, 국민의 대표성을 잃을 염려도 있다. 대표성을 잃는다는 것은 곧 '국민을 위한 군대'가 되지 못하고 국가를 지킨다는 자부심과 충성도가 떨어지는 문제로 이어질 수도 있다.

실제로 모병제를 반대하는 사람들 가운데 일부는 "모병제가 되면 빈민 계층의 자녀들이 군을 장악해 쿠데타가 일어날 수도 있다."라고 걱정한다. 어느 군 간부가 했다는 말을 옮기자면 이렇다. "모병제로 가면 가난한 집안의 자녀들이 용병으로 군대에 갈 가능성이 크다. 하류층 출신이 군대를 장악하면 국가 질서에 대한 반감이 반란이나 쿠데타로 표출될 수도 있다." 가난한 사람들이 군대에 가면 반란군이 된다? 듣기에 따라선 거북스러울 듯하다. 계층 사이의 화합은커녕 갈등을 부추기는 듯한 이런 발언에 대해 합리적인 사고를 지닌 보통사람이라면 동의하기 쉽지 않을 것이다.

같은 맥락에서 모병론자인 김기원 방송통신대 경제학과 교수는 이렇게 반박한다. "한국에선 이미 힘 있고 돈 있는 집안 자식들이 요리조리 징병에서 빠진다. 가더라도 주로 편한 자리에 배치받는다. 이런 형편에선 (모병제 아래서) 가난뱅이가 많이 간다고 하더라도 그 군대가 괜찮은 직장이 되도록 하는 게 더 바람직하지 않겠는가?"

군 사건·사고가 징병제 탓?

군대 안에서 폭력 또는 총기 사고가 일어나면 온 나라가 떠들썩해진다. 죽거나 다친 피해자 군인이 어떤 아버지의 아들이고 형이나 오빠일 수도 있고, 그를 죽게 만든 가해자도 누군가의 아들이기 때문이다. 군대 안에서 걸핏하면 벌어지는 폭력과 총기 사고, 군대라는 특수 집단에 적응하지 못해 힘들어하는 '관심 병사(정식 명칭은 '도움 배려 병사')' 문제 그리고 자살 문제 등은 잊을 만하면 우리 사회의 큰 이슈로 떠올랐다.

그런 사건이 생길 때마다 국방부나 군부대 책임자는 "다시 그런 일이 일어나지 않도록 하겠다."라며 국민에게 고개를 숙인다. 징병제에 비판적인 입장을 지닌 모병론자들은 그런 사건·사고가 징병제 탓이라 여긴다. "징병 검사 대상자 10명 가운데 9명 이상이 현역 판정을 받고 군대로 가는 지금의 병역 제도가 바뀌지 않는 한, 그런 사건·사고 문제는 앞으로도 계속 일어날 것"이라 걱정한다.

2014년 경기도 연천군의 한 포병대대 의무대에서 일어난 '윤 일병 사망 사건'은 많은 사람을 놀라게 했다. 윤 아무개 일병은 선임병들에게 그해 3월부터 4월 사이에 거의 날마다 얻어맞아 끝내 숨을 거두었다. 22살의 청년을 죽음으로 몰고 간 가해자 가운데 주범인 이 아무개 병장은 입대하기에 앞서 받는 '병역판정 검사'에서 '심리 이상자'로 분류됐다. 그런데도 '현역 부적격자' 판정을 받지 않았고, 끝내 몹쓸 일을 저질렀다.

2014년 우리나라 육군이 발표한 〈군 복무환경〉 자료에 따르면, 2013년 현역 판정을 받은 이들 가운데 위의 이 아무개 병장과 같은 심리 이상자는 26,000명, 죄를 저지른 전력을 지닌 범법자는 500명을 넘었다. 징병제를 반대

▎ 모병제로 바꾸면 군대 안에서의 폭력이 줄어들까? 사진은 육군 훈련소에서 수류탄 투척 훈련을 받는 병사들. ⓒ대한민국 육군

하는 사람들은 "군대 안의 잘못된 병영 문화를 크게 바꾸는 노력을 기울이더라도 한계가 있다."라고 지적한다. 징병제를 모병제로 바꾸지 않는 한 윤일병 사망 사건 같은 일이 그치지 않을 것이라는 얘기다.

모병제로 군내 폭력 없어질까?

군대에서 잊을 만하면 터지는 총기 사고나 선임병의 후임병 학대 사건들은 군대라는 특수한 조직의 구성원들이 24시간 동안 함께 머무르는 좁은 공간(넓게는 병영, 좁게는 생활관)에서 나오는 고질적인 문제다. 소설가 복거일은 "한창 혈기가 왕성한 젊은이들을 한곳에 모아놓고 힘들고 위험하고 단조로운 일들을 오랫동안 강제로 시키면, 갖가지 문제가 나오고 사고가 터질 수밖에 없다."라고 말한다.

군대에서의 폭력이 커다란 사회문제가 될 때마다 "사고뭉치들이 걸러지지 않고 들어오는 징병제니까 그런 사고가 끊이지 않는 것이다. 모병제로 바꿔야 한다."라는 목소리가 높아진다. 하지만 미국을 비롯해 모병제를 하는 다른 나라들이라고 군대 안에서의 폭력 사건이 전혀 없는 것은 아니다. 모병제인 일본의 자위대 병사들 사이에서도 괴롭힘(일본어로 '이지메')이 때때로 문제가 된다. 따라서 징병론자들은 "보다 중요한 것은 폭력적인 병영 문화를 밝은 쪽으로 바꿔 나아가는 개선 노력"이라 강조한다.

모병제가 폭력 제로의 마법을 부리는 것은 물론 아니다. 징병제를 없애면 군대 폭력이 한순간에 싹 사라지지는 않을 것이다. 모병론자들도 그런 점을 인정한다. 김기원 방송통신대 경제학과 교수는 병영 문화를 바로 잡는 것이 중요하다고 여긴다.

"모병제가 되면 군대 폭력이 곧바로 없어지지는 않을 것이다. 하지만 직업으로 군을 선택한 사람들이니만큼 서로에 대한 존중은 커질 것이므로 병영 문화가 나아질 것이다. 북유럽 국가들처럼 징병제에서도 높은 사회문화 덕분에 폭력 문제가 심각하지 않은 경우가 있기는 하다. 아직 사회문화 수준이 낮은 한국에선 징병제 폐지라는 파격적인 제도 변화를 통해 병영 문화, 나아가 사회문화를 바로잡는 길도 찾아야 한다고 생각한다."

인건비 부담, 어느 정도 커질까?

병역 제도를 징병제로 할 것인가, 모병제로 할 것인가에서 판단과 선택의 중요한 기준 가운데 하나는 재정적 뒷받침이 가능하냐, 못하냐다. 모병제에 따라 스스로 지원을 해서 군대에 들어온 병사들이 만족할 만한 대우를 줄

수 있다면 좋은 일이다. 하지만 국가에 그럴만한 재정적 여유가 없다면 문제가 된다. 첨단 무기 체계를 확보하는 것도 엄청난 돈이 들지만, 군사 전문 요원을 장기간 안정적으로 확보하려면 인건비도 만만치 않다.

우리나라 역사를 돌아보면 1882년 병사들이 월급을 제대로 받지 못하다가 결국 폭동을 일으킨 적도 있다. 역사에선 이를 '임오군란'이라 일컫는다. 병사들이 폭동을 일으키는 것이 결코 옳은 일이라 말할 수는 없다. 하지만 사정을 들여다보면, 병사들이 느꼈던 분노를 이해할 만하다. 1년 동안이나 밀린 월급을 준다고 해서 쌀을 받았는데, 그 쌀에 절반쯤 겨와 모래가 섞여 있었다. 병사들의 항의가 받아들여지지 않자 끝내 폭동을 일으켰다.

우리나라 1년 국방 예산은 40조 원을 이미 넘어섰고 2020년 50조 원대로 들어선다(2018년 43조 2천억 원, 2019년 46조 7천억 원). 국방 예산은 방위력 개선비와 전력운용비, 이렇게 크게 두 가지로 이뤄진다. 방위력 개선비란 F−35A 스텔스 전투기, 공격·방어용 유도무기, 탄도미사일 등 주로 비싼 무기를 사들여 오거나 첨단무기를 연구 개발하는 데 드는 비용으로 전체 국방 예산의 30%쯤을 차지한다(2019년 32.9%). 전력운용비는 병력운용비(인건비, 급식비, 피복비)와 전력 유지비(군수지원, 교육 훈련)로 구성되는데 국방 예산의 3분의 2쯤을 차지한다(2019년 67.1%).

징병제냐 모병제냐의 논쟁에서 문제가 되는 것이 모병제로 할 때 많은 돈이 들어간다는 것이다. 인건비용은 국방 예산의 전력운용비 가운데 병력운영비의 하나로 분류된다. 징병제 아래서의 인건비용은 장교와 부사관, 사병집단 사이에 차이가 크다. 하지만 모병제로 바꾸면 사병들의 인건비가 크게 오르기에 장교와 사병 사이의 인건비 차이가 상대적으로 줄어든다. 그만큼

나라의 재정 부담이 커지는 것이다. 현재 사병과 간부의 머릿수 비율은 7 대 3이다. 사병 7명에 간부 3명꼴로 군을 이룬다. 국방부는 정예 강군을 목표로 하면서 이 비율을 사병 6 대 간부 4의 비율로 바꿔 나갈 참이다. 병력 규모를 50만으로 줄이되 장교는 그대로 두고, 지금 약 40만 명인 사병의 숫자만 줄이는 쪽이다. 그러면 총 병력 50만 명 가운데 사병이 30만 명 되는 셈이다.

만에 하나 새해부터 징병제를 모병제로 바꾼다고 치자. 그러면 20대 청년들이 회사에서 받는 임금에 비춰, 사병들은 200만 원 가까운 월급을 받을 것이다. 사병 숫자를 40만 명으로 치면 1개월에 8천억 원, 1년이면 10조 원 가까운 돈이 필요해진다. 국방부가 내놓은 〈국방 개혁 2.0〉에 따라 병사 숫자가 30만 명으로 줄면 1개월에 6천억 원, 1년에 7조 원 넘는 예산이 든다.

"정예 모병제로 가면 예산을 아낄 수 있다."

모병제로 군인들의 월급을 크게 올리면 결국 이는 고스란히 국민의 세금으로 채워져야 한다. 나라를 지키기 위해서 세금을 더 내야 한다고 설득할 수는 있지만, 불어난 세금을 기꺼이 낼 국민이 얼마나 될까? 결국, 모병제에 따른 국가의 재정 부담 능력, 그리고 이를 세금으로 뒷받침해주는 국민의 뜻이 어떠한가에 달렸다. 징병론자들은 바로 이런 현실을 지적하면서, 모병제로 바꾼다면 그 시기를 남북한이 하나로 통일된 뒤로 잡는다. 한반도에서 전쟁이 터질 확률이 아주 낮아지고 국가 안보에 대한 걱정이 줄어들 때, 아울러 우리나라의 살림살이가 지금보다 훨씬 나아진 뒤에나 모병제가 가능하다는 얘기다.

징병론자들은 "모병제로 바꾸면 늘어날 예산 부담도 무시하기 어렵다."

라고 지적한다. 모병제를 시행하는 주요국의 군인 1인당 국방 예산은 1년에 20~40만 달러에 이른다. 한국의 경우는 군인 1인당 국방 예산이 1년에 4만 달러 수준이다(인건비, 급식비, 피복비, 교육비 등 포함). 모병제를 시행하는 주요 국들에 견주면 10분의 1에 지나지 않는다.

모병제로 하면 군인 월급이 많이 늘어나므로 재정 부담이 생겨난다는 주장에 대해 김기원 방송통신대 경제학과 교수는 오히려 그런 문제점을 풀기 위해서라도 정예 모병제로 가야 한다고 주장한다. "군인 수를 크게 줄여 정예병으로 뽑는 모병제를 고려한다면 돈 문제도 해결할 수 있다. 인건비만이 아니라 군을 운영하는 의식주 등 각종 부대비용도 줄어들기 때문이다. 정예 모병제를 통해 효율적으로 인력을 활용한다면 오히려 국방비 부담이 가벼워질 수 있다."

▌ 징병제를 모병제로 바꾼다면 언제 가능할까? 훈련 중 나도 할 수 있다고 외치는 신병들.
ⓒ육군본부 정훈공보실

"통일될 때까지 징병제 유지해야!"

징병론자들은 징병제가 한국 사회에 끼친 긍정적인 측면이 있다고 말한다. "군대 가야 사람 된다."라는 말처럼, 군대에 가서 힘든 훈련과 기합을 참아내며 인내심을 기른 덕에 사회에 나와서도 오랜 시간의 노동을 견디며 한국경제 발전에 힘을 보탤 수 있었다는 얘기다. 1970년대에 많은 노동자가 중동 땅에서 더위와 싸워가며 오일 달러를 벌어들였고, 한국경제가 가파른 고도성장을 이루는 데 이바지했다. 한국인들이 이를 악물고 힘든 일을 참아낼 수 있었던 것은 바로 젊은 날 군대에서 고생하며 쌓은 인내심이 크게 도움이 된 것이라고 징병론자들은 주장한다.

징병제가 여러 문제점을 지녔음에도, 오늘날의 한국 상황에서는 병역 제도를 모병제로 바꾸긴 이르다고 여기는 사람이 많다. 박용옥 전 국방부 차관은 "모병제 문제는 섣부르게 거론할 일이 아니다."라고 주장한다. 징병제 유지냐, 모병제 전환이냐는 국민 개개인의 희망 사항에 따라 결정될 문제가 아니며, 낮아지는 출산율에 따른 병력 충원의 문제, 한반도의 안보 상황 등 여러 가지 어려운 문제를 대비해야 한다는 얘기다.

베를린 장벽이 무너지고(1989), 뒤이어 독일이 통일되고(1990), 거대한 사회주의 국가 소련이 작은 공화국들로 해체(1991)된 뒤로 냉전 시대가 끝났다. 21세기 세계는 이른바 탈냉전 시대를 보내고 있다. 미국, 영국, 독일, 프랑스, 일본 등 이미 징병제에서 모병제로 바꾼 주요국들의 공통점은 두 가지다. 이웃 나라와의 무력 충돌 가능성이 거의 없는 편이고, 1인당 국민소득이 3~4만 달러를 넘는 튼튼한 경제력을 지녔기에 많은 국방 예산을 들여 자주국방의 역량을 갖추었다.

냉전 시대가 가고 탈냉전 시대를 살아간다는 21세기에 안타깝게도 한반도는 아직 냉전의 요소들이 그대로 남아 있다. 남북 간의 군사적 긴장은 지난날에 견주어선 상대적으로 많이 낮아지긴 했지만, 그래도 대치 상태에 있다. 휴전선엔 늘 긴장감이 감돈다. 따라서 징병론자를 비롯한 많은 군사전문가가 모병제의 장점을 인정하면서도, 적어도 통일할 때까지는 남한의 병력 규모를 줄여선 안 된다고 여긴다. 한미연합사령부가 있고 미군이 한국에 주둔하지만, 대한민국을 지키는 주력은 어디까지나 한국 군대. 그래서 모병제 도입으로 병력이 줄어드는 것만큼은 피해야 한다고 주장한다. 모병제로는 국가 안보를 맡길 만큼의 병력을 확보하기 어렵다는 판단에서다.

모병론을 펴는 사람들도 당장 내일 징병제를 폐지하자고 우기는 사람은 없다. 큰 흐름에서 모병제로 가는 것이 바람직하다는 얘기다. 징병제를 모병

▍ 해변을 순찰하는 병사들. 모병제는 남북통일 뒤에나 가능할까? ⓒ국방부

제로 단번에 바꾸는 것은 국가 경제 및 안보에 충격을 준다. 그렇기에 단계적으로 지원병을 늘려가면서 궁극적으로는 모병제로 완전히 바꾸는 방식도 생각해볼 만하다. 다시 말해, 과도기적으로 징모(징병·모병) 혼합제를 거치는 방식이다.

징병제냐, 모병제냐의 논의는 적어도 현재로선 무 자르듯 단칼에 결론을 내기 어렵다. 분명한 것은 충분한 시간을 두고 많은 논의를 거쳐 사회적 합의를 끌어내야 한다는 사실이다. 그 논의와 합의 과정에는 병역의 주체인 젊은이들, 그리고 그들을 낳아 기른 부모들도 적극적으로 참여해야 바람직할 것이다.

21세기 한국 군대의 목표는?

핵전쟁과 관련된 영화들 가운데 핵잠수함 안에서 벌어지는 긴장을 다룬 명화가 하나 있다. 토니 스콧 감독이 1995년에 만든 〈크림슨 타이드(Crimson Tide)〉다. 이 영화는 서로 다른 전략 개념을 지닌 뛰어난 두 해군 지휘관이 바깥 세계와 고립된 핵잠수함 안에서 핵미사일을 발사할 것인가를 놓고 빚는 갈등과 긴장을 다루었다.

통신장비가 고장 난 상태에서 고지식한 함장(진 해크먼)은 처음 그에게 보내왔던 상부의 통신문에 적힌 명령에 따라 핵미사일을 발사하려 한다. 하버드대를 나온 엘리트 부함장(덴젤 워싱턴)은 "바깥 상황이 아까와는 달라져 핵미사일을 안 쏴도 될지 모른다."라며 함장과 충돌한다. 부함장은 핵 시대 군대의 목표가 '전쟁을 벌이는 게 아니라, 전쟁을 막는 것'이라 여긴다. 영화의 끝에 통신장비가 복구되고, 바깥 상황은 부함장의 말대로 미사일을 쏴

선 안 되는 쪽으로 바뀌어 있었다. 그렇다. 영화와 마찬가지로, 21세기 한국 군대의 목표도 한반도에서 전쟁을 벌이는 것이 아니라 막는 쪽이어야 바람직하다.

역사의 큰 틀에서 보면, 21세기 초를 살아가는 우리 앞에는 남북통일이라는 민족사의 큰 과제가 놓여 있다. 전쟁을 거치는 무력 통일이냐, 대화와 외교로 푸는 평화 통일이냐를 놓고 선택한다면 당연히 평화 통일일 것이다. 하지만 뜻하지 않게 전쟁을 겪을 수도 있다. 전쟁을 막기 위해 마지막까지 노력했는데도 적이 먼저 공격해온다면? 일단은 맞붙어 싸울 수밖에 없다. 그런 모든 가능성을 열어두고 내 나라와 가족을 안전하게 지켜낼 군대는 징병제로 유지해야 할까, 아니면 모병제로 모아야 할까?

간추려 보기

- 안보를 위한 병력 규모 유지, 국가 재정 부담, 공평한 병역 의무 등을 이유로 징병제를 유지하자는 주장이 있다.
- 정예 강군 육성, 인구 절벽에 대비한 경제 활동 인구 마련, 군 사건·사고 방지를 위해 모병제로 바꾸자는 주장도 있다.
- 통일 전후의 어느 시점에 모병제로 바꿀지의 도입 시기 역시 논점이며, 과도기적인 징병·모병 혼합제 도입도 논의되고 있다.

4장 외국의 병역 제도는 어떤가?

유엔 회원국 193개국 가운데 군대가 없는 나라는 모두 26개다. 이들 나라는 하나같이 작은 섬나라이거나 영토도 좁고 인구도 작은 이른바 약소국가들이다. 인구가 100만 명이 넘는 나라는 아이티와 코스타리카 2개국뿐이다. 군대를 두는 다른 나라들은 어떤 방식으로 군인들을 모을까? 21세기를 지배하는 초강대국인 미국을 비롯해 이웃의 중국

▌ 징병제로 갓 입대한 러시아 병사들의 훈련 모습 ©https://www.vitalykuzmin.net

집중탐구 징집 피하려 꼼수 쓰는 이스라엘 젊은이들

이스라엘은 징병제를 시행한다. 18세 이상 이스라엘 시민권을 지닌 남녀는 의무적으로 군대에 가야 한다. 남자가 3년, 여성이 1년 6개월 군 복무를 하고, 그 뒤에도 남자는 51세까지, 여자는 24세까지 연간 39일을 소집에 따라야 한다. 전체 이스라엘군에서 여군이 차지하는 비율은 30%이다. 다만 몇 가지 예외는 있다. '하레디'(Haredi)라고 부르는 정통파 유대교 신학생들, 아랍인(팔레스타인계)은 군에 안 간다. 신학생들은 유대교 율법을 공부한다는 명분이 있지만, 아랍계는 믿고 총을 맡길 수 없다는 불신감이 깔려 있다.

문제는 상당히 많은 이스라엘 젊은이들이 어떤 핑계를 대서든 군대에 가지 않으려 한다는 것이다. 최근 몇 년 동안 18세 이상 징집 대상 남성의 25%가 해외 거주나 전과 기록, 건강 이상 등의 이유로 병역 면제를 받아냈다. 1980년대의 병역 면제율이 12%였던 데 비하면 두 배 이상 높다. 신체검사에서 이런저런 이유로 면제받는 사람도 많다. 결과적으로 18세 이상 남성이나 여성 모두 절반을 겨우 웃도는 정도만 군대에 입대한다(남성 54%, 여성 35%). 이스라엘 군 당국은 신체검사 기준이 더 엄격해져서 '현역 부적격(병역 면제)' 판정을 내리는 비율이 올라간 게 아니라, 군대에 가지 않으려는 젊은이들이 몸을 일부러 망가뜨리는 등 이런저런 잔머리를 부린 탓이라고 보고 있다.

▌ 이스라엘은 남녀 모두 징병 대상이다. 사진은 공군 조종사 양성 학교 졸업식 모습.

여성들도 군대에 가지 않으려 17살에 서둘러 결혼하거나 종교적 이유 등을 내세워 병역 의무를 피하는 비율이 3명에 1명꼴이다. 그 과정에서 온갖 꼼수를 동원하는 것으로 알려진다. 위장 결혼을 해서 병역 면제 판정을 받고는 슬그머니 이혼하는 여성도 생겼다. 세계적인 슈퍼모델이자 한때 영화배우 레오나르도 디카프리오의 연인으로 알려졌던 바르 라파엘리도 그랬다. 그녀는 군 복무를 피하려고 2003년에 결혼한 다음 얼마 지나지 않아 이혼 절차를 밟아 입방아에 올랐다.

고의적인 병역 기피자를 잡아내려고 애쓰지만 쉽지 않다. 병역 기피 풍조로 징집 비율이 갈수록 낮아지자 이스라엘 정부는 '병역 특례 폐지 법안'을 만들었다. 이 법안에는 정통파 유대교 신학생들을 모두 입대시키겠다는 내용을 담았다. 하지만 정통파 유대교 신학생들은 물론 종교 지도자들의 강한 반발 때문에 보류됐고, 지금도 이 법안은 서랍 안에서 잠자는 중이다.

이나 일본, 북한, 대만, 그리고 독일과 프랑스 등의 병역 제도를 살펴보자.

세계적으로는 징병제를 하는 나라의 숫자가 모병제 나라보다 적다. 징병제는 남북한을 비롯해 러시아, 이스라엘, 이집트, 터키, 우크라이나, 태국, 베트남, 브라질, 멕시코, 콜롬비아 등 70여 개국에서, 모병제는 미국, 일본, 영국, 프랑스, 독일, 캐나다 등 100여 개국에서 이뤄진다.

지난 30년 동안 예전에 징병제를 하던 나라들이 하나둘씩 모병제로 바꾸어 왔다. 유럽연합(EU)에 속한 국가들은 1990년대 초 냉전 체제가 무너지면서 징병을 지원병으로 바꾸기 시작했다. 대만이 2018년부터 징병제를 폐지하면서 동북아시아 5개국(남북한, 중국, 대만, 일본) 가운데 이제 한반도만이 사실상 징병제 국가로 남게 됐다.

병역 제도의 큰 흐름이 징병제에서 모병제로 옮겨가는 가운데, 징병제를 그대로 두는 나라들은 어떤 이유에서일까? 주변국과의 관계가 불편해서 언제라도 분쟁 또는 전쟁이 터질 가능성이 상대적으로 높은 까닭이다. 안보에 늘 신경 써야 하는 나라들의 대표적인 보기로 남북한, 이스라엘을 꼽을 수 있다. 2018년부터 징병제를 부활시키면서 여성 징병제까지 들이기로 한 스웨덴처럼, 모병제로 갔다가 다시 징병제로 돌아서는 나라도 생겨나고 있다. 이웃 나라와 분쟁을 겪거나 안보에 위기감이 커진다는 판단 때문이다. 이처럼 모병제냐, 징병제냐의 선택에서 안보 문제는 중요한 판단 기준이다.

북유럽이 징병제로 돌아선 까닭

흔히 언론이나 학계에서 우리나라의 교육이나 환경, 복지 등이 어느 정도의 수준인지를 가늠할 때 경제협력개발기구(OECD) 회원국들과 견준다. 193개 유엔 회원국 모두를 포함하기는 너무 범위가 넓고 통계자료도 정확하지 않으므로, OECD 회원국 36개국을 참고로 하는 일이 많다. OECD 회원국 가운데는 다 그런 것은 아니지만, 민주주의와 시장경제가 뿌리내려 안정된 모습을 보이는 주요국이 많은 편이다. 그렇기에 우리나라를 OECD와 견주어 이런저런 참고 자료를 끄집어낸다.

36개 OECD 회원국들은 병역 제도를 어떤 방식으로 꾸려갈까? 자료에 따르면 25개 국가가 모병제, 한국을 비롯한 11개 국가가 징병제를 한다. 한국 말고도 징병제로 병사를 모으는 국가는 이스라엘, 멕시코, 터키, 그리스, 오스트리아, 노르웨이, 핀란드, 에스토니아, 스웨덴 등이다. 징병제 국가의 대체적인 공통점은 이웃 나라와의 분쟁이 오래 이어지거나 지정학적으로 안보 불안을 느낄 만한 상황이라는 점이다. 그리스와 터키가 좋은 보기다. 두 나라는 오랫동안 영토 분쟁을 해온 불편한 사이라서 남북한처럼 군사적 긴장 상태를 이어왔다. 따라서 다른 서유럽 국가들처럼 모병제로 바꾸는 것은 어려워 보인다.

노르웨이, 핀란드, 에스토니아 등 북유럽 국가들이 징병제를 유지하는 까닭은 러시아의 안보 위협 때문이다. 같은 북유럽 국가인 스웨덴은 2010년부터 징병제를 모병제로 바꾸었지만, 2018년 다시 징병제로 돌아갔다. 러시아의 군사적 위협이 커지면서 안보 상황이 불안해지고, 모병제 아래서 지원병만으로는 우수하고 충분한 병력을 확보하기 어렵다는 판단 아래서다. 스웨덴 국방부 장관은 "모병제에서는 병력을 채우는 데 어려움이 있다."라면서, 안보 상황이 나빠지면 징병 인원을 더 늘릴 계획이라 밝혔다. 이처럼 지정학적인 요인은 징병·모병 결정에 크게 영향을 미친다.

영세중립국으로 잘 알려진 스위스는 다른 나라들처럼 상비군은 없지만, 민병제라는 독특한 제도를 두었다. 민병제란 평상시엔 예비군의 신분으로 일상생활을 하다가 국가 비상사태가 생기면 상비군으로 바뀌는 제도다. 지정학적으로 스위스에 안보 위협을 줄 만한 주변 나라가 현재로선 없기에 평화를 누리지만, 민병제를 없애지 않는 이유는 혹시 모를 위기에 대비하기 위해서다. 스위스 사람들 가운데 필요도 없는 민병제를 아예 없애자고 주장하는 목소리도 없지 않다. 그 때문에 민병제를 그대로 둘 것이냐, 없앨 것이냐를 둘러싼 국민투표가 몇 차례 있었지만, 그때마다 국민 다수는 민병제를 그대로 두자는 쪽에 표를 던졌다.

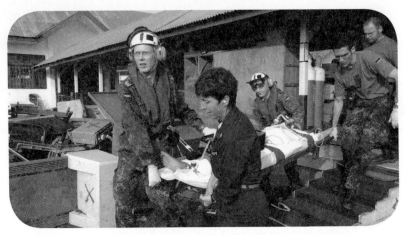
▎ 모병제로 지원한 독일군 병사들이 부상병을 헬기로 옮기고 있다.

독일, 통일 뒤에도 20년 징병제 유지

어떤 나라들은 징병제를 하지만, 꼭 현역으로 군대에 가지 않아도 된다. 이른바 '선택적 징병제'에 따라, 징집 대상이 되는 젊은이들이 대체 복무(전환 복무)를 비롯한 여러 다양한 선택을 할 수 있다. 나라의 정치 경제 상황이나 군대에서 필요한 병력 규모에 따라 징병 연령에 이른 젊은이들 가운데 일부 만을 현역병으로 징집하고 나머지는 대체 복무 쪽으로 돌리는 방식이다. 중 남미의 엘살바도르(복무 기간 12개월), 베네수엘라(30개월), 아프리카의 니제르 (24개월), 세네갈(24개월), 중앙아프리카공화국(24개월), 토고(24개월), 튀니지(12 개월) 등이 이 제도를 운용 중이다.

국방 의무를 강조한다 해도 어디까지나 법 문서상으로만 그렇고, 실제로 는 징병을 하지 않는 나라도 많다. 이런 경우를 가리켜 '자발적 징병제'라고 부른다. 사실상의 모병제와 다름없다. 언론에서도 그런 국가들을 '모병제 국가'라 표현한다. 하지만 법적으로는 국가가 필요에 따라 징집을 할 수도 있다. 군 병력이 그 나라의 안보와 치안 유지에 절대적으로 필요한 경우다.

독일이 바로 이런 제도를 운용하는 대표적인 나라다. 1990년 동서독이 통일된 뒤 독일은 20년 넘게 징병제를 유지하다가 2011년 모병제로 돌아섰다. 이미 대부분 모병제로 바꾼 유럽의 다른 나라와는 달리, 독일이 20년 넘게 징병제를 이어온 배경은 무엇일까? 동서독 통일 뒤 독일 정부는 이른바 '통일 비용' 문제로 어려움을 겪었다. 가난한 동독 사람들을 돕는 사회 복지도 통일 비용에 포함된다. 독일 정부로서는 징병제를 이어가는 것이 모병제보다는 돈이 덜 들기에 통일 비용의 부담을 덜 수 있었다.

독일 정부가 20년 동안 모병제를 미룬 데엔 다른 이유도 있었다. 징병제는 서독 출신 사람들과 동독 출신 사람들을 정신적으로 하나로 모아주는 연결고리의 측면이 있다. 다시 말해 국민 통합의 효과다. 그뿐만 아니라 독일 통일 바로 뒤에 모병제로 바꾸었다면, 살림살이 형편이 좋지 않은 동독 출신 청년들로 독일 군대가 온통 채워질 염려도 있었다. 그렇게 20년쯤 흐르면서 병력 자원에 여유가 있게 되고 군 병력의 전문성을 높여야 한다는 목소리가 커지자, 2011년 징병제를 폐지하고 의무 복무 기간 6개월의 모병제로 바꾸었다. 독일과 같은 모병제를 하는 유럽 국가들은 리투아니아(의무 복무 기간 9개월), 세르비아(6개월), 크로아티아(2개월), 덴마크(4~12개월) 등이다.

독일과 국경을 맞댄 까닭에 여러 번 침공을 받는 등 역사적으로 오랫동안 독일과 불편한 관계였던 프랑스는 2001년에 모병제로 바꾸었다. 징병제 폐지는 프랑스가 독일보다 10년 앞선 셈이다. 징병제 아래서 프랑스 현역 군인들의 복무 기간은 10개월이었다. 지금 모병제 아래서의 의무 복무 기간은 12

개월이다.

한편 프랑스는 외인부대를 두었다. 외인 부대원은 프랑스 국적이 아니기에 용병이다. 아프리카와 아시아에 걸쳐 식민지를 많이 가졌던 프랑스는 현지 사람들의 독립 투쟁을 누르려 외인부대를 썼다. 약소민족의 정당한 저항을 무력으로 누르는 것은 곧 '더러운 전쟁(dirty war)'이다. 프랑스 외인부대는 프랑스 사람들로선 "내 손에 더러운 피를 묻히지 않겠다."라는 뜻이 담겼다. 프랑스 정부는 지금도 의무 복무 기간이 5년인 9천 명 규모의 외인부대를 꾸려가고 있다.

모병제인 미국, 지원 병력 모자라 고민

21세기 초강대국인 미국은 오랫동안 징병제 국가였다. 베트남 전쟁에서

▌ 지난날 식민지 사람들의 독립 투쟁을 억누르는 역할을 맡았던 프랑스 외인부대 ⓒ위키미디어

집중탐구 미국은 어떻게 모병제로 바뀌었나?

미국은 1973년 징병제를 폐지하고 모병제로 바꾸었다. 그 이유로는 베트남 전쟁을 빼놓을 수 없다. 베트남을 식민지로 지배하던 프랑스는 1954년 디엔비엔푸 전투에서 전사자 1만 명, 포로 8천 명이라는 굴욕적인 패배를 맛본 뒤에야 인도차이나반도에서 물러났다. 그 뒤를 이어 베트남에 개입한 미국은 친미 남베트남과 손을 잡고 북베트남과 전쟁을 벌였다. 하지만 민족자결을 내세운 베트남 사람들의 독립 의지를 꺾기엔 힘이 모자랐고, 6만 명의 미군 사망자를 낸 끝에 베트남에서 물러났다(베트남 파병 한국군 사망자는 5천 명).

미국의 베트남 전쟁 개입은 전 세계적인 비판을 받았다. 미국 안에서도 반전 여론이 들끓었다. 베트남 전쟁 반대는 미국인들의 징병 기피로 이어졌다. "정의롭지 못한 전쟁에 끌려가 개죽음을 당하기 싫다."라면서 소집 영장이 나오면 찢어버렸다. 그 가운데 일부는 감옥에 갔고, 일부 사람들은 국경을 넘어 캐나다로, 또는 유럽으로 도망쳤다. 기소되거나 수배된 사람을 합치면 무려 21만 명에 이르렀다.

징병제에 따라 입대한 뒤 베트남으로 파병된 미군 병사들도 탈영, 마약, 흑백 사이의 인종 갈등과 폭력 등의 문제가 터져 사기가 바닥을 쳤다. 그들을 지휘하던 군 장교들조차 징병제의 문제가 한둘이 아니라는 생각을 품기에 이르렀다. 당시 미군 병사들의 복무 기간은 1년 6개월이었다.

❚ 징병제에 따라 베트남에 파병된 뒤 철모에다 집으로 돌아갈 날짜를 적어 놓은 미군 병사

미국이 베트남 전쟁의 수렁으로 빠져 많은 문제점을 드러내자, 미국 대학가와 언론을 중심으로 징병제를 모병제로 바꿔야 한다는 목소리가 점점 커졌다. 1967년 시카고대학에서 징병제 폐지의 필요성을 다룬 학술대회를 계기로, 모병제에 관한 대중적 관심은 더욱 높아졌다. 유권자의 표를 의식해야 하는 미 정치권에서도 병역 제도를 바꿔야 한다는 목소리가 커졌다. 마침내 1971년 미 의회에서 징병제 폐지 법안이 합의되었고, 1973년 미국의 징병제가 역사 속으로 사라졌다.

손을 뗄 무렵인 1973년 징병제를 그만두었다. 그렇지만 18살 이상의 모든 미국인 남성은 '선택 복무 제도'에 따라 자신의 이름을 병역 명부에 올려놓아야 한다. 미국이 국가적 위기에 빠져 대규모 병력이 필요하다고 판단되면, 젊은 이들은 곧장 국가의 부름에 따라야 한다.

모병제로 바뀌자 가난한 계층이 상대적으로 더 군대에 몰렸고, 인종적으로는 백인보다는 흑인이나 히스패닉의 지원율이 더 높은 점 등이 문제점으로 떠올랐다. 백인 부잣집 자녀들이 군대를 멀리하기에, 미국 군대가 국민의 대표성을 지니지 못한다는 지적도 나왔다.

실제로 교육 정도가 징병제 때보다 훨씬 떨어져 최근 몇 년 동안 미군 신병의 25%는 고교 졸업장이 없다. 중졸 아니면 고교 중퇴가 미군 4명 가운데 1명꼴이다. 나머지 대부분의 학력은 고졸이다. 대학교에 입학해 본 사람은 6.5%에 그쳤다. 대학 졸업까지 따지면 그 비율이 훨씬 낮아진다. 징병제 아래에 있던 1956년 프린스턴대학교 졸업생 750명 가운데 절반이 넘는 450명이 졸업 뒤 군에 갔다. 50년 뒤인 2006년에는 졸업생 1,100명 가운데 겨우 9명만

▌ 지원병으로 이뤄진 미 육군 특수부대원들이 공중 낙하 훈련을 하고 있다.

이 군에 지원했다. 사정은 다른 대학도 비슷하다. 미 상원과 하원 국회의원 자녀들 가운데 군대에 간 비율은 2%에 지나지 않는다는 조사 결과도 있다.

뭐니 뭐니 해도 지금 미군의 큰 고민은 지원자 부족이다. 21세기 들어 세계 최강의 군사력을 자랑하는 미군이지만, 제때 필요한 군 병력을 제대로 채우지 못하는 문제에 부딪혔다. 2019년 현재 미군의 병력은 136만 명이고, 이 가운데 20만 명쯤이 해외에 주둔한다. 한국에도 28,000명쯤의 미군이 있다. 미국은 세계의 여러 분쟁 지역에 동시 개입하기도 한다. 문제는 실제로 작전 지역에 투입할 병력이 모자란다는 것이다. 특히 미 육군은 지원병이 줄어든 탓에 작전에 투입될 병력 규모가 50만 명을 넘지 못하는 것으로 알려진다.

2001년 오사마 빈라덴의 테러 단체 알카에다가 대형 여객기를 공중 납치해 뉴욕의 쌍둥이 빌딩과 워싱턴의 펜타곤(미 국방부 건물)을 공격한 9·11 테

러가 일어난 뒤, 병력 부족 문제가 커졌다. 미국은 이른바 '테러와의 전쟁'을 벌이면서 아프가니스탄으로 쳐들어갔고, 1년 반 뒤인 2003년 봄엔 이라크와 전쟁을 벌였다. 여러 해가 흐른 지금도 미군은 이들 지역에서 전투 중이다.

전쟁을 좋아하고 위험을 즐길 젊은이가 얼마나 있겠는가? "미국이 아프가니스탄과 이라크 수렁에 빠졌다."라는 말이 나올 정도로 미군은 무장 게릴라들을 효과적으로 제압하지 못했다. 전사자와 부상자가 늘어나자, 미군 지원자도 덩달아 줄어들었다. 미 국방부는 비상이 걸렸다. 지원병이 줄어들어 신병 확보도 어려워지고, 기존의 병력 규모를 유지하는 데에도 애를 먹고 있다.

미 육군사관학교 현대전 연구소 연구원인 존 스펜서는 정치 전문 웹사이트 〈폴리티코〉에 실은 글에서 "미군, 특히 육군의 경우 지원병이 줄어들어 지

▌ 모병제에 따라 아프가니스탄 정부군에 지원한 뒤 기초 군사 훈련을 받는 신병들

난 1975년 이래 최저 수준의 병력을 유지하고 있으며, 이는 미국의 전쟁 수행 능력을 크게 제한한다."라고 걱정한다. 스펜서 연구원은 이라크 주둔 미군 보병 중대장을 지낸 바 있다. 그의 글을 옮겨 보자. "바그다드에 주둔하던 나의 140명 중대원 가운데 36명은 복무 기간이 끝났음에도 편법으로 복무 기간을 늘려 일선에 재배치됐다. 나의 중대원 가운데 신체적·정신적인 문제를 겪는 병사도 상당수 있었다."

지원병 부족으로 고민하는 미 국방부는 시민권이 없는 외국인에게 "참전하면 시민권을 주겠다."라는 약속을 하며 적극적으로 병력 모집에 나서고 있다. 2015년에 5천 명의 외국인이 육군에 들어갔다. 강도 등 중범죄를 저지른 전과가 있는 사람들조차 지원병으로 받아들여 논란을 빚기도 했다. 미국의 대외 전쟁을 반대하는 평화 운동가들은 "형편이 좋지 못한 이들에게 솔깃한

■ 미 공군의 기초 군사 훈련 모습. 모병제 아래 미군도 병력 충원에 어려움을 겪고 있다. ⓒ위키미디어

조건을 내걸어 병력을 확보하는 것은 그들의 목숨을 담보로 전쟁터에 내모는 것이나 다름없다."라고 비판한다. 징병제를 주장하는 사람들은 이런 미국의 사례를 꼽으면서, "부자든 가난한 사람이든 형평성을 위해서라면 모병제를 해선 안 된다."라고 주장한다.

"21세기에 미군과 정면으로 맞붙어 이길 군대는 없다."라는 말이 나올 정도로 미군은 세계 최강의 군사력을 지녔다. '꿈의 전투기'라 일컬어지는 최신예 초음속 전투기, 정밀 유도 미사일 등 각종 첨단무기를 갖춘 미군에 맞서 싸우려면 살아남기 쉽지 않을 것이다. 문제는 이런 고도의 기술 장비를 능숙하게 다루는 전문 기술병도 부족하거니와, 일선 전투를 벌이는 보병의 숫자가 특히 모자란다. 소수의 정예 특수 부대로 제한된 작전을 펴는 것은 한계가 있다. "컴퓨터가 지배하는 미래의 전투에선 많은 병력이 필요 없다."라는 말이 있지만, 그래도 기본 머릿수를 채우지 못하는 것이 지금의 미군이 지닌 고민이다.

집중탐구 지원자 줄어 고민하는 일본 자위대

제2차 세계대전에서 진 뒤 일본은 평화헌법에 따라 침략 전쟁을 포기했다. 그렇기에 이름 그대로 외부의 침략에 맞서 '자신을 지키기 위한' 군대만 가졌다. 육해공군 합쳐 총 병력이 23만 명에 약간 못 미치는 규모다. 이 가운데 육상자위대가 15만 명으로 가장 많다.

문제는 모병제 아래서 해마다 필요한 모집 인원을 제대로 채우지 못한다는 점이다. 이를테면 자위관 후보생의 경우 총 병력이 2014년 31,361명에서 2017년에는 27,510명으로 줄었다. 4년 동안 잇달아 일본 방위성이 처음 계획했던 인원을 채우지 못했다. 2017년 모집 인원은 7천 명이었지만 실제로는 5천 명을 겨우 넘겼다.

일본 방위성은 자위대 채용 연령의 상한선을 더 높이고 봉급을 비롯한 처우도 낫게 바꾸는 등 병력 확보에 힘쓰는 중이다. 자위관 후보생의 채용 나이를 18~26세에서 18~32세로 높였다. 계급별로 53~60세인 정년도 단계적으로 높이기로 했다. 연령 상한을 높이면 일반 회사원들이 자위대로 지원할 수 있다.

자위대 중에서도 해상자위대의 인력 부족이 특히 심각하다. 훈련을 위해 군함을 타고 항구를 떠나면 몇 달씩 바다에 머물러야 한다. 그동안 바깥 세상과의 통신이 끊긴다. 개인 이메일이나 SNS 등을 주고받을 수 없다.

▌ 모병제 아래 입대한 일본 자위대가 열병식에서 행진하고 있다. ⓒ일본 육상자위대

그렇기에 젊은이에게 해상자위대는 인기가 없다. 2018년 들어 규정을 바꾸었다. 출항하면 개인 휴대전화 메일을 함정 안의 서버에 모았다가 정기적으로 외부에 보낼 수 있도록 했다. 그렇게 규정을 고쳐도 충원이 쉽지는 않다.

게다가 자위대를 바라보는 주변국들의 눈길이 곱지 않다. 20세기 전반기에 아시아에서 침략 전쟁을 벌이면서 휘둘렀던 욱일기를 자랑스레 내걸고, 무장력을 강화하는 모습을 보이기 때문이다. 일본 극우파들의 꿈은 평화헌법을 뜯어고쳐 자위대의 지위를 정식 군대로 격상시키고 침략 전쟁을 벌일 수 있도록 만드는 것이다.

지원자들로 '머리 터지는' 중국군

중국과 대만해협을 사이에 두고 긴장 관계를 이어온 대만은 2018년부터 모병제로 돌아섰다. 대만의 징병제는 마오쩌둥을 우두머리로 한 중국공산당과의 내전에서 패한 장제스의 국민당이 중화민국 정부를 대만으로 옮긴 직후인 1951년부터 실시됐다. 군사 강국인 중국으로부터의 안보 위협을 받는 나라가 모병제로 바꾼다는 소식은 전 세계 사람들을 놀라게 했다.

대만은 중국에 견주어 볼 때 군사 소국이다. 군사력뿐 아니라 경제력을 비롯한 국력에서도 큰 차이를 보인다. 대만은 그런 차이를 부정하기보다는 현실로 받아들이고, 2003년부터 군을 개혁하는 방안을 추진했다. 국방 개혁의 주요 내용은 징병제를 모병제로 바꾸고, 첨단기술력으로 군대의 체질을 강화하며, 국방 예산을 효율적으로 운용한다는 것이다.

물론 "징병제를 폐지해선 안 된다. 중국에 점령당하고 만다."라며 반대 목소리도 작지 않았다. 지금도 다시 징병제로 돌아가자는 사람들은 "국민투표를 통해 징병제냐, 모병제냐를 결정하자."라고 목소리를 높인다. 대만이 모병제로 바꾼 데에는 갈수록 떨어지는 출산율, 징병제에 대한 젊은이들의 거부감 등이 영향을 미쳤다. 징병제 아래서 대만군 병력은 30만 명이었으나, 앞으로 17만 명까지 줄여 소수 정예병으로 군대를 꾸려갈 참이다.

현역 군인만 230만 명. 세계 최대의 상비군을 거느린 나라가 중국이다. 헌법에서 중국의 군대는 국가(정부)의 군대가 아니라 중국의 집권 정당인 공산당의 군대다. 그래서 군대의 정식 명칭은 '중국 인민해방군'이다. 중국 병역법 제12조는 "남성들은 만 18세가 되면 현역으로 복무해야 할 의무가 생기고, 만 22세까지 국가의 부름에 맞춰 대기해야 한다."라고 돼 있다. 하지만 실제적으로는 모병제를 한다. 왜 그럴까? 징병제를 하면 군대에 보낼 머릿수만 해도 2천만에 이르기에 이들을 다 받아들이기는 어렵다.

지방에 사는 청년들, 특히 외진 시골에 사는 중국 청년들은 군인이 되는 게 꿈이다. 일단 군대에 들어가면 바깥세상을 구경할 수 있고, 군대에서 배운 기술로 나중에 취직할 수도 있고, 군에서 인정을 받으면 공무원이 되는 길도 열린다. 이런저런 이유로 군인이 되려는 청년들이 워낙 많기에 "머리가 터지도록 군인이 되려고 한다."라는 표현이 있을 정도다. 지원자가 많아 신체검사 기준도 다른 나라에 견주어 높은 편이다.

남자는 10년, 여자는 5년 군 복무하는 북한

북한은 중동의 이스라엘처럼 남녀 가릴 것 없이 군대에 간다. 북한에서는 군 복무를 마친 뒤에야 집권당인 노동당 가입이 가능하고 취업 등에서 혜택을 볼 수 있다. 그러므로 많은 북한 젊은이들이 군대 가는 것을 그들의 삶에서 반드시 거쳐야 할 과정으로 여긴다. 문제는 남자가 10년, 여자가 5년으로 군 복무 기간이 길다는 점이다. 징병제를 하는 나라들은 대부분 복무 기간이 1년에서 2년인 점에 비춰보면 길어도 너무 길다.

북한은 2003년에 새로 만든 '군사 복무법'에 따라 지원병제를 없애고 징병제로 바꿨다. 징집 연령층은 17세 이상 25세 이하로 하고, 병역을 마치지 않은 28세 미만의 남성은 무조건 징집하도록 했다. 북한은 2003년 전까지는 모병제와 비슷한 '초모제'란 이름의 병역 제도를 꾸려왔다. '초모'란 군대에 가겠다고 나서는 사람들을 모아놓고 그 가운데 적격자를 뽑는 것을 뜻한다. 실제로는 일부 사람들을 빼고는 모두 군대로 보냈다. 여기서 '일부 사람들'이란 신체검사 불합격자, 산업 필수요원, 유망 예술인과 체육인, 월남자

▌ 북한 묘향산에서 마주친 북한 여군들. 북한은 남녀 모두 징병제를 두고 상대적으로 긴 기간을 복무시킨다.

와 정치범 가족 등 이른바 '성분' 불량자, (입영을 뒤로 미룰 수 있는) 대학생들을 가리킨다.

북한은 군 복무 기간이 다른 나라들에 견주어 매우 긴 것이 특징이라면 특징이다. 지금까지 북한은 군인들의 군 복무 기간을 자주 바꿨다. 남북한 사이, 또는 미국과의 긴장 관계가 높아지거나 가뭄이나 홍수 등 나라 안의 사정이 나빠지면, 이른바 '조국 보위의 중요성'을 강조하면서 복무 기한을 바꾸기도 했다. 북한의 식량 사정이 나빠져 '고난의 행군'을 하던 1990년대 후반엔 군 제대 연령을 남자 30살, 여자 27살로 못 박기도 했다.

그 뒤에도 조금씩 바뀌었다. 2003년 군사 복무법에 따라 남자는 10년, 여자는 6년을 군에서 보내도록 했다. 2014년 다시 남자는 11년, 여자는 7년으로 바뀌었다. 2016년 인민무력성(북한 국방부)은 남성 군인들의 군 복무를 10년으로, 여성 군인들은 5년으로 줄인다고 발표했다. 18살에 고등학교를 졸업하고 군대에 간다면, 20대의 한창나이의 상당 기간을 군대에서 보내는 셈이다. 여성의 복무 기간이 2년 더 짧아진 데엔 군 복무 때문에 혼기를 놓치거나 결혼을 늦게 하는 일을 막고 출산율을 높이려는 의도가 깔려 있다고 알려진다. 실제로 북한은 1996년부터 2011년까지 15년 동안 신생아 수가 26%나 줄어든 것으로 알려진다. 군 복무를 마치더라도 60세까지 노농적위군(남한으로 치면 예비군)에서 군사 훈련을 받는다.

북한군 규모는 일반적으로 120만 명쯤으로 알려졌다. 국방부가 2년마다 펴내는 〈국방백서〉에도 그렇게 쓰여 있다. 2019년 탁성한 한국국방연구원 책임연구위원이 발표한 〈북한군 실제 병력 수 추정 및 향후 전망〉 논문에 따르면, 북한의 2018년 실제 병력 규모는 104만 명 수준으로, 최소 98만 명에서 최대 111만 명 수준으로 추정된다.

　이렇게 북한군 숫자를 정확히 알기 어려운 것은 북한이 다른 나라에 견주어 문이 닫힌 니라인 데나, 군 관련 정보를 특히나 민감하게 다루기 때문이다. 분명한 사실은 북한군이 우리나라 군대보다 훨씬 많은 병력을 가졌다는 것이다. 남북한이 서로 군 병력을 크게 줄이는 날이 한반도에 평화의 비둘기가 날아드는 날이 될 것이다.

5장 양심적 병역 거부는
정말로 '양심적'인가?

세계적인 기준으로 볼 때 한국은 병역 기피를 엄하게 처벌해온 나라로 꼽힌다. 여러 기록을 모아 보면, 1950년 이후부터 지금까지 19,800명에 이르는 사람들이 '양심적 병역 거부'를 내세웠다가 처벌을 받았다. 1980년대 말까지만 해도 군대 3년 대신에 감옥에서 3년을 보내야 했다. 1990년대 들어 그나마 형량이 징역 2년~1년 6개월로 낮아졌다.

유엔 인권이사회(UNHRC)는 인권 문제에 관한 한 가장 권위 있는 국제기구다. 2013년 유엔 인권이사회가 발표한 〈양심에 따른 병역 거부에 관한 분석 보고서〉에 따르면, "종교와 신념 등을 이유로 나는 군대에 안 가겠다."라고 했다가 감옥에 간 사람 723명 가운데 669명이 한국인이었다. 징역형을 받은 양심적 병역 거부자의 90% 이상이 한국인인 셈이었다.

그 이유는 여러 가지겠지만, 대체 복무제가 있었다면 상황이 크게 달라졌을 것이다. 양심적 병역 거부자들은 오랫동안 대체 복무제를 주장해 왔다. "우리는 국방 의무를 빼먹으려는 게 아니다. 다만 총을 잡고 싸우는 군대에 가지 않으려는 것이다. 군대 말고 평화롭게 국가를 위해 복무할 수 있도록 대체 복무제를 만들어 달라. 그러면 우린 군대보다 힘든 일을 기꺼이 하

▍ 실탄 사격 훈련 중인 군인. 소수의 병역 거부자들은 양심상 총을 들 수 없다고 주장한다.

겠다. 더럽고, 힘들고, 위험한 3D 업종에 준하는 일도 기꺼이 받아들이겠다."
이들의 말은 비폭력 평화의 신념에서 나온 것이었지만, 일부 사람들로부터
'병역을 회피하려는 술수'라는 비난을 들어야 했다. 그들은 "남들 다 가는데
너희라고 예외일 수 없다. 누구더러 나라를 지켜달라는 거냐? 대체 복무는
안 된다."라고 목청을 높여왔다.

헌법재판소, "대체 복무 없는 병역법은 위헌"

2018년 6월 28일 헌법재판소가 이런 해묵은 논쟁에 마침표를 찍었다. 9명
의 헌법재판관 중 6명이 "양심적 병역 거부자를 위한 대체 복무 방안을 마련
해놓지 않은 지금의 병역법은 위헌이다."라는 결정을 내렸다. 헌법재판관들
이 법률 용어로 '헌법 불합치'라고 가리킨 것은 병역의 종류를 규정한 병역

집중탐구 알리가 헤비급 챔피언에서 쫓겨난 까닭

1942년 미국 켄터키에서 태어난 무하마드 알리(1942~2016)는 권투 선수 가운데 전 세계적으로 가장 이름이 알려진 인물이다. 아마추어 선수 시절에 1960년 로마 올림픽에서 라이트 헤비급에서 금메달을 차지했다. 그 뒤 프로 선수로 1964년 세계 헤비급 챔피언에 올랐다. 원래 그의 이름은 '캐시어스 마셀러스 클레이 주니어'였으나, 챔피언이 된 뒤 이슬람교를 믿기 시작하면서 이름을 '무하마드 알리'로 바꾸었다.

알리의 복싱은 "나비처럼 날아서 벌처럼 쏜다."라고 그가 말한 것처럼 헤비급이라고는 믿기 어려울 정도로 몸 움직임이 빠르고 시원스러웠다. 챔피언으로서 많은 돈을 벌고 인기와 명예를 누렸다. 알리에 맞설 만한 선수는 거의 없어 보였다.

하지만 알리의 전성기는 오래 가지 못했다. 1967년 미군의 베트남 전쟁 개입이 잘못된 것이라 비판하면서, 종교적 신념을 들어 징집을 거부하였다. 알리는 자신을 '양심적 병역 거부자'로 규정했다. 그 무렵 미국 정부는 베트남 전쟁의 수렁에 빠져 허우적대고 있었기에, 알리를 너그럽게 봐 줄 수 없었다. 알리는 병역 회피 죄목으로 유죄를 선고받았을 뿐 아니라 챔피언 타이틀마저 내놓아야 했다.

그러자 알리는 줄기찬 법정 투쟁을 벌였고, 1971년 대법원에서 무죄 선고를 받아냈다. 하지만 그때까지 4년 동안 권투 시합에 나가지 못했다. 복귀 뒤 알리는 다시 헤비급 타이틀을 차지했고 1981년 은퇴를 선언했다.

알리는 그 뒤 30년 동안 파킨슨병으로 고생하면서도 꿋꿋하게 살아갔다. 1996년 애틀랜타 올림픽 때엔 성화 봉송 주자로 나섰다. '20세기를 통틀어 가장 영향력이 큰 운동선수'로 이름을 남긴 알리는 권투 말고도 많은 일화를 남겼다. "미국에서 흑백 차별이 없어져야 한다."라고 주장하기도 했다. 세계 언론에서 인종차별 문제를 다룰 때마다 알리의 이름이 빠짐없이 나온다.

▌ '양심에 따른 병역 거부자를 처벌하는 것이 양심의 자유를 침해하는가'는 늘 논란이 되어 왔다. 사진은 대법원 정면.

법 제5조였다. 제5조에 따르면, 병역은 현역, 예비역, 보충역, 병역준비역, 전시근로역 이렇게 5가지뿐이다. 헌법재판관들은 병역법에 '대체복무역'이 빠진 까닭에 헌법 불합치 의견을 냈다. 이에 따라 2019년 국회는 병역법을 개정해 양심적 병역 거부자에 관한 대체 복무규정을 마련했다.

지금까지 헌법재판소는 양심적 병역 거부의 위헌 여부와 관련하여 여러 차례 결정문을 내놓았다. 이에 관한 헌법재판소의 결정은 재판관 다수 의견으로 합헌 쪽이었다. 재판관들은 "한국의 안보 상황 등을 고려할 때 대체 복무제 도입을 위해서는 남북한 사이의 평화 공존 관계가 정착돼야 하고, 양심적 병역 거부에 관한 사회적 이해가 선행되어야 한다."라고 말했다.

결국, 대체 복무가 햇빛을 본 것은 2018년 헌법재판소 결정이 있고 나서였다. 헌법재판소는 대체 복무제를 도입하더라도 국가 안보에 영향을 미치지

않을 것이라고 봤다. 지금껏 양심적 병역 거부자를 처벌한다 해도 감옥에 가두었을 뿐 강제로 군대에 들여보내진 않았다. 병력 자원으로 이용할 수도 없는 사람을 감옥에 보내는 것보다 대체 복무제로 활용한다면 국가에 더 도움이 될 수 있다. 중요한 것은 그런 대체 복무라는 대안을 국가가 마련할 수 있는데도 이를 마련하지 않고 처벌만 하는 것은 '기본권 침해의 최소성 원칙'(기본권 침해는 그야말로 아주 최소로 이뤄져야 한다는 원칙)에 어긋난다는 것이 헌법재판소의 판단이다.

양심적 병역 거부, 70년 이어온 처벌

2018년 6월의 헌법재판소 결정에 이어 11월 1일의 대법원판결은 한국의 병역 역사에 중요한 기록을 보탠 날이다. 대법원 전원합의체(재판장 김명수 대법원장, 주심 김재형 대법관)에서 이른바 '양심적 병역 거부자'가 병역법을 어긴 사건에 관해 무죄라는 판결을 내렸기 때문이다. '여호와의 증인' 신도인 오 아무개는 2013년 육군 현역병으로 입영하라는 통지를 받은 뒤 종교적인 이유를 내세워 입영을 거부했었다. 그러자 병역법 위반 혐의로 기소됐고, 창원지법 1심을 거쳐 2심(항소심)에서 징역 1년 6개월을 선고받았다. 오 씨는 이 사건을 대법원으로 항고했는데, 대법원이 원심판결을 깨고 사건을 무죄 취지로 창원지법 합의부로 돌려보냈던 것이다.

대법원은 판결문에서 "병역을 기피하는 용도로만 종교를 내세우는 것은 용납할 수 없다."라고 못 박으면서도, '여호와의 증인' 신도인 오 씨가 13살 때부터 신앙생활을 시작했고, 아버지와 동생도 같은 이유로 감옥살이를 했으며, 부양해야 할 가족(부인, 어린 딸과 갓 태어난 아들)이 있는데도 감옥에 갈 위험을 무릅썼다는 점을 들어 '양심적 병역 거부'의 진실성을 인정했다. 참고로, 대법원 전원합의체가 내린 판결 내용의 주요 부분을 옮겨 보면 다음과 같다.

"양심적 병역 거부에 대해 형사처분 등 제재를 가하여 병역 의무 이행을 강제하는 것은 양심의 자유 등 기본권의 본질적 내용에 대한 위협이 될 수 있다. 병역 의무 이행을 일률적으로 강제하고, 이행하지 않으면 형사처분하는 것은 소수자에 대한 관용과 포용이라는 자유민주주의 정신에도 어긋난다. 진정한 양심에 따른 병역 거부라면 병역법에서 처벌의 예외 사유로 정한 '정당한 사유'에 해당한다는 것이 다수 의견이다."

여기서 '다수 의견'이라 함은 대법관 13명 가운데 대법원장을 포함한 8명의 대법관이 무죄 의견을 냈다는 뜻이다. 나머지 5명의 대법관 가운데 1명은 "국가 안전 보장에 우려가 없는 상황을 전제로 다수 의견에 함께한다."라며 별

개 의견을 냈고, 4명의 대법관은 유죄를 주장하는 반대 의견을 냈다. 반대 이유로는 "진정한 양심의 존재 여부를 심사하는 것은 불가능하다. 세계 유일 분단국으로서 엄중한 안보 상황과 병역 의무 형평성을 고려하면 양심적 병역 거부는 인정될 수 없다."라는 판단에서였다.

이러한 대법원의 판결은 양심적 병역 거부와 관련된 논란과 처벌에 커다란 전환점을 마련했다. 종교 또는 신념을 이유로 군대 가는 것을 마다하고 훈련소나 군부대에서 총을 잡는 것을 거부했다고 붙잡혀 감옥으로 가는 일이 없어졌다. 2018년 대법원판결이 내려지던 시점에서 전국 법원에는 양심적 병역 거부 관련 재판이 모두 227건 접수되어 있었다. 따라서 재판 과정에서 혹시라도 군대 가지 않으려는 꼼수로 '양심'을 내세웠다는 사실이 드러나면 모를까, 대부분은 무죄 판결을 받을 것으로 보인다.

'양심'의 기준은 무엇인가?

대법원에서 양심적 병역 거부를 어떻게 볼 것인가를 둘러싼 판결은 전에도 여러 번 있었다. 하지만 무죄로 나온 것은 2018년 11월 1일의 판결이 처음이다. 실제로 어떤 사람이 양심적 병역 거부를 내세우면서 군대에 가지 않겠다고 우길 때 정말로 '양심적' 병역 거부자인지 아닌지를 판단하기 어렵다. 양심적 병역 거부에 대해 무죄를 내린 대법원 전원합의체의 대법관들도 이 대목을 두고 고민한 것으로 알려진다.

그래서 다수 의견을 낸 대법관들은 종교 또는 신념에 따른 병역 거부를 판별하는 기준을 새롭게 내놓았다. "양심적 병역 거부에서 '양심'은 그 신념이 깊고, 확고하며, 진실하여야 하고, 신념이 깊다는 것은 그의 모든 생각과

행동에 영향을 미친다는 뜻으로, 삶의 일부가 아닌 전부가 그 신념의 영향력 아래 있어야 한다."라고 했다. 또한, 병역 거부자가 깊고 확고한 신념을 가졌다 해도 상황에 따라 다른 행동을 한다면 진실하다고 보기 어렵다고 봤다.

쉽게 말해서, 군대에 가기 싫어 병역을 기피할 요량으로 종교나 다른 핑계를 내세워 양심적 병역 거부인 양 꼼수를 부려선 안 된다는 것이다. 문제는 누가 진실하고 누가 꼼수를 부리느냐는 판단이 어렵다는 점이다. 법관도 인간이기에, 양심적 병역 거부의 '양심'이 깊고, 확고하며, 진실한 것인지를 판단하기란 쉬운 일이 아니다.

이 대법원판결은 5개월 전인 2018년 6월 헌법재판소가 '양심적 병역 거부'에 대해 "병역법 처벌 조항은 합헌이지만, 대체 복무제 없는 것은 위헌이다."라고 내린 결정에서 한 걸음 더 나아갔다는 평가를 받았다. '양심적 병역 거부'에 대한 처벌이 위헌인지 아닌지를 가렸던 헌법재판소는 "대체 복무제가 없으므로 양심적 병역 거부를 처벌하기 어렵다."라고 했다. 그러나 이번 대법원판결에서는 "양심적 병역 거부를 인정할 것인지 아닌지는 대체 복무제가 있고 없고와 관계없다."라고 했다. 양심적 병역 거부가 '정당한 사유'에 인정된다면 무죄가 되는 것이지, 대체 복무제와는 관계없다는 것이다.

"양심적 병역 거부가 '정당한 사유'에 인정된다면 무죄다."라는 대법원의 판단은 그동안 줄기차게 양심적 병역 거부 운동을 펴온 사람들에게 큰 박수를 받았다. 하지만 병역 거부 자체를 못마땅하게 여기는 사람들은 엄청난 불만을 품었다. 이들은 "안 그래도 인구가 줄어들어 군대 머릿수 채우기가 어려운데 양심을 핑계로 합법적으로 병역 기피의 물꼬를 터 주었다."라고 비판한다.

▌ 병역 거부를 못마땅하게 여기는 사람들은 병역 거부자의 양심을 의심한다. 사진은 경계 근무 중인 어느 병사.

"서든 어택 게임 즐기고 병역 거부라니……."

양심적 병역 거부자의 '양심'이 진실한 것인지, 아니면 병역을 기피하려는 꼼수인지를 가리는 것은 참으로 어려운 문제다. 겉으로는 평화와 비폭력을 말하면서 남이 안 보는 데서 컴퓨터를 켜놓고 폭력적인 전쟁 게임을 즐긴다면 어떻게 그를 양심적 병역 거부자로 볼 수 있을까? 2018년 12월 대검찰청은 병역법 위반 사건으로 재판을 받는 '양심적 병역 거부자'들이 내세우는 명분이 과연 옳은지 아닌지를 확인하기 위한 일종의 판단 지침을 일선 검사들에게 내려보냈다. 여기에는 '배틀 그라운드'나 '서든 어택'과 같은 폭력적인 온라인 게임에 접속했는지를 조사하는 지침도 들어 있었다.

실제로 2017년 신병교육대로 들어가라는 현역 입영통지서를 받고도 이에 따르지 않은 젊은이가 폭력적 게임 접속 문제로 징역형을 받는 일이 생겼다.

여호와의 증인임을 내세워 양심적 병역 거부를 주장한 그에게 1심 법원에서 1년 6개월의 징역형이 내려졌다. 온라인 전쟁 게임인 '서든 어택'에 2회 접속해서 상대방을 총으로 쏴 죽이는 데 40분가량을 보낸 기록이 드러나 문제가 됐다. 피고인은 법정에서 "저와 함께 계정을 공유하던 제 친구가 '서든 어택' 게임을 했다."라고 주장했지만 받아들여지지 않았다.

하지만 2019년 2심 항소심에선 무죄가 선고됐다. 재판부는 "설령 피고인이 직접 게임을 했다고 하더라도 접속 횟수나 시간에 비춰보면 종교적 신념이나 양심이 진실하지 않다고 단정할 수 없다."라고 했다. 그러자 인터넷 공간에서 비난이 쏟아졌다. "총질하는 재미난 게임은 즐기고, 피땀 흘리는 훈련은 하기 싫은 게 여호와의 증인이냐?", "여호와의 증인은 양심이 있고, 군에 간 사람은 모두 비양심이냐?", "만일에 전 국민이 여호와의 증인을 믿으면 나라는 누가 지키는가?" 등등 이어지는 비판을 옮기자면 끝이 없을 듯하다. 많은 국민은 어떤 이유를 내세우든 병역 거부에 관해서는 곱지 않은 눈길을 보낸다. 여기에는 양심적 병역 거부를 하는 사람들 가운데 여호와의 증인이라는 특정 종교에 대한 보수 기독교계의 거부감도 영향을 끼친 것으로 보인다.

불교 신자 오태양의 병역 거부 선언

양심적 병역 거부가 여호와의 증인 쪽에서만 나온 것은 아니다. 2001년 12월, 가야 할 군 훈련소 대신 국가인권위원회를 찾아간 오태양은 "양심적 병역 거부를 금지한 현행법 때문에 기본적 인권이 침해당하고 있다."라는 진정서를 냈다. 불교 신자이기도 한 오태양은 바로 그날 '국민 여러분께 드리는 호소문'을 통해 "살생을 하지 말고 생명을 존중하라는 불교적인 신념을 지키기 위해서 총검술을 비롯해 살생을 연습하는 군사 훈련을 받을 수 없어 양심적 병역 거부를 선택했다."라고 밝혔다. 아울러 그는 "군 복무 대신 복지 시설에서 자원봉사를 하거나 오지의 초등학교에서 무보수 교직 활동으로 병역을 대체할 수 있도록 대체 복무제를 허용해 달라."라는 희망 사항을 내놓았다.

　오태양이 병역 거부를 선언할 무렵 1,600명의 양심적 병역 거부자들이 감옥에 갇혀 있었다. 그때껏 병역 거부자가 나오면 거의 여호와의 증인들이었다. 살생을 금지하는 불교의 가르침에 따라 총을 잡지 않겠다는 선언은 많은 국민에게 새롭게 비쳤다. 불교 신자이자 평화 운동가인 오태양의 병역 거부 선언은 "병역 거부는 특정 종교인들의 비상식적인 행동이야. 국가를 누가

▋ 2001년 12월 12일 불교 신자인 오태양이 양심에 따른 병역 거부를 선언하는 모습

지키라고 그러는 것이냐?"라고 병역 거부를 못마땅하게 여기던 사회적 분위기를 바꾸는 계기가 되었다.

서울교대를 졸업한 뒤 줄곧 불교 단체에서 활동해 온 오태양은 2004년 징역형을 선고받고 선생님이 되겠다던 꿈도 접어야 했다. 언론에서 양심적 병역 거부를 다루는 기사가 뜰 때마다 오태양에 관련된 이야기가 나온다. 그런 기사가 포털사이트에 뜨면 오태양을 옹호하는 댓글과 공격하는 댓글이 뒤엉켜 수백 개씩 달렸다. 병역 관련 토론회나 강연장으로 와선 오태양을 향해 삿대질하거나 물병을 던지는 일조차 생겼다.

오태양의 병역 거부 선언이 낳은 파장은 컸다. 2002년 초 학계, 법조계, 언론계, 시민·사회단체 등의 지식인 1,552명이 서명한 〈양심에 따른 병역 거부

▌ 세계 병역 거부자의 날인 2017년 5월 15일, 처벌 중단과 대체 복무제 도입을 촉구하는 시위가 광화문광장에서 벌어졌다.

권 인정 및 대체 복무제 도입을 촉구하는 1,000인 선언〉이 나왔다. 아울러 30여 개 시민 사회단체가 모여 '양심에 따른 병역 거부권 실현과 대체 복무 제도 개선을 위한 연대회의'를 꾸리고, 감옥에 갇힌 병역 거부자들의 인권 보호, 무료 변론 등의 활동을 벌였다.

불교 신자 오태양의 병역 거부는 또 다른 불교 신자들의 병역 거부 선언으로 이어졌고, 종교적 신념이 아닌 개인적 혹은 정치적 동기에 따른 비종교적 이유의 병역 거부자들이 공개적으로 나타나기 시작했다. 양심적 병역 거부 문제가 한국 사회의 주요한 논란거리로 떠오르면서 아직 징집되지 않은 대학생들 사이에서는 미리 병역 거부를 선언하는 이른바 '예비 병역 거부 운동'이 벌어지기도 했다.

"양심의 자유보다 국방 의무가 먼저"

양심적 병역 거부를 인정해 준 2018년의 대법원판결이 있기까지 이 땅에서는 이 문제를 둘러싼 논란이 오랫동안 이어졌다. 연세대 학생 이한열이 최루탄으로 희생된 1987년 6월 항쟁 뒤에 개정된 헌법에 따라 헌법재판소 제도가 마련되기 전에는, 대법원이 법률의 위헌 여부를 다루는 최고 기관이었다. 병역 거부자들은 1969년, 1985년에 각각 대법원에 상고하여 양심에 따른 병역 거부가 병역 의무 위반이 아니라고 주장하였다. 그러나 대법원의 판단은 달랐다. "법률에 따른 병역 의무를 거부하는 것과 같은 이른바 양심상의 결정은 헌법에서 보장한 종교와 양심의 자유에 속하는 것이 아니다."라고 못 박았다.

쉽게 말해서 대법원 판결문의 요지는 "양심의 자유보다 국방 의무가 먼저"라는 것이었다. 이에 따라 전국의 법원에서는 병역 거부자에 관한 재판이 열릴 때마다 약속이나 한 듯이 유죄 판결을 내렸다. 예외가 없진 않았다. 2004년 이정렬 서울남부지법 판사가 양심적 병역 거부자 3명에게 처음으로 무죄를 선고했었다. 그러나 곧 뒤집혔다. 그해 7월 대법원은 "양심적 병역 거부자의 양심의 자유가 국방의 의무보다 우월한 가치라고 할 수 없다."라며 무죄 판결을 깼다. 다시 재판에 넘겨진 이들은 1년 6개월의 징역형을 받고 감옥으로 가야 했다.

일반적으로 양심적 병역 거부자들은 병역법 제88조의 입영 기피죄 또는 군형법 제44조의 항명죄로 재판에 넘겨져 3년 이하의 징역형 처벌을 받아 왔다. 1970~1980년대엔 3년 형, 그 뒤에는 대체로 징역 2년~1년 6개월이 선고됐다.

헌법재판소 앞에서 양심적 병역 거부가 무죄라고 주장하며 시위하는 사람들

병역법에서는 1년 6개월 이상의 실형을 선고받으면 병역이 면제된다. 그렇기에 일단 한번 처벌받은 병역 거부자들이 다시 징집돼 또다시 병역 거부를 선언해야 하는 일은 생기지 않는다.

병역 거부로 감옥에 간 젊은이들은 행동거지가 반듯하고 예의가 밝아 다른 수감자들과 잘 지내는 편이다. 거의 예외 없이 모범수라는 평가를 받는다. 지금의 형법에 따르면, 일반 재소자의 경우 형기의 3분의 1, 무기수의 경우 20년이 지나면 가석방 대상이 된다. 하지만 병역 거부자에겐 가석방의 기회가 주어지지 않았다. 또한, 해마다 3·1절이나 부처님 오신 날, 8·15, 크리스마스 등을 맞아 정부가 실시하는 특별 사면에도 포함되지 않았다.

군대를 현역병으로 다녀온 뒤 그 자신의 종교적 또는 개인적 신념에 따라 예비군 소집 훈련을 거부하는 사람들이 있다. 군에서 제대한 뒤에 새로이 여호와의 증인이 된 사람이 소집 훈련을 거부하는 예도 있다. 이들에게는 향토예비군 설치법 제15조 4항에 따라 3천만 원 이하의 벌금이나 3년 이하의 징역형이 내려진다. 대부분 벌금형으로 때운다. 문제는 예비군 훈련이 한차례로 끝나는 게 아니라 여러 번 받아야 한다. 그럴 때마다 벌금을 내면 생계에 어려움을 겪기 마련이다.

다음은 어느 예비군이 실제로 겪은 일이다. 그는 1999년 제대한 뒤에 여호와의 증인 신도가 되고 나서 예비군 군사 훈련을 거부했다. 지금까지 약식재판으로 350만 원의 벌금을 냈고, 다섯 건의 고발 건이 대기 중이며, 한 건의 재판에서는 징역 1년에 집행유예를 받았다. 무거운 벌금형과 잦은 재판으로 생계유지조차 어렵다고 한다. 어떤 다른 예비군은 판사에게 밉보였는지는 몰라도 훈련 거부 혐의로 2차례에 걸쳐 각각 10개월과 8개월의 징역형을

살기도 했다. 하지만 이는 극히 예외적인 경우이고, 집행유예 또는 벌금형이
대부분이다.

집중탐구 이스라엘의 양심적 병역 거부

이스라엘과 팔레스타인의 유혈 충돌 과정에서 이스라엘 병사들이 비무장
민간인들을 겨냥해 마구 실탄을 쏘아 국제적 비난을 받아 왔다. 이스라
엘 군인 가운데 30~40%가 종교적 보수주의자다. 이들은 '유대인은 신
으로부터 약속받은 땅에 살도록 선택된 민족'이란 생각을 지닌 젊은이들
이다. 따라서 팔레스타인에게 매우 공격적이다. 팔레스타인과의 평화협
상 때문에 군 작전을 멈추는 때가 오더라도, 명령을 따르지 않아 문제를
일으키기도 했다.

소수이긴 하지만, 팔레스타인과 평화 공존을 소중히 여기는 유대인도 있
다. 이들은 "팔레스타인이 원하는 땅을 돌려주고 우리는 평화를 되찾아
야 한다."라는 이른바 '땅과 평화의 교환' 방식이 옳다고 여긴다. 그런 사
람들은 사격 명령을 어기고 총을 내려놓는다.

이스라엘의 양심적 병역 거부는 크게 두 가지로 나뉜다. 첫째는 징집 거
부다. 이들은 군대 대신에 감옥을 택한다. 7~8개월 감옥에 갇혀 있다가
나오면 그걸로 끝이다. 두 번째는 병역 자체를 거부하기보다는 "1967년
6일 전쟁(제3차 중동전쟁) 뒤 이스라엘이 점령 중인 지역에서 근무하지
않겠다."라는 것이다. 점령지에서 현지 주민들을 억압하지 않겠다며 아예
근무지를 바꿔 달라고 요구한다.

병역 거부는 대부분 개인적으로 이루어지지만, 집단으로 병역을 거부하
는 예도 있다. 2003년 9월에는 공군 조종사 27명이 "팔레스타인 지역을
폭격하지 못하겠다."라며 집단으로 항명했다. 그 일로 현역 9명이 불명예

제대했다. 2003년 12월에는 이스라엘 특공대 출신 13명이 이스라엘 총리에게 편지를 보냈다. 이 편지에는 "우리는 수백만 팔레스타인 사람들의 인권을 탄압하는 데 더는 가담하지 않겠으며, 유대인 정착촌에서도 근무하지 않겠다."라고 쓰여 있었다.

2014년 9월 이스라엘 정보부대인 '유닛 8200' 소속 예비역 43명(장교 10명 포함)이 "팔레스타인 사람들을 학대하는 군 복무를 더는 하지 않겠다."라고 선언했다. 이들은 이스라엘군의 군사 작전을 가리켜 '팔레스타인에 대한 집단적 징벌'이라 비판했다.

이스라엘에서도 병역 거부권이 법적으로 인정받는다. 유대인 가운데 "내 양심에 비추어 징집을 거부하겠다."라는 사람은 10%쯤이다. 병역거부위원회의 심사를 거쳐 거부권이 인정되는 사례는 10%에도 못 미친다. 신청자 10명 가운데 잘해야 1명만이 병역을 면제받는 셈이다.

병역 거부 움직임이 나올 때마다 이스라엘의 보수 언론매체들은 '비겁자' 또는 '반역자'라는 용어를 쏟아붓는다. 하지만 이스라엘 국방부의 반응은 겉으로는 조용한 편이다. 항명자를 감옥에 보내기보다는 근무지를 바꿔준다. 요구를 들어주지 않을 때 생겨날 나라 안팎의 비난을 미리 잠재우려는 계산에서다.

징벌적 성격의 대체 복무 논란

대체 복무제를 들여오자는 논의가 본격화한 것은 노무현 대통령이 당선된 뒤인 2005년부터였다. 국가인권위원회가 대체 복무제 도입을 정부에 권고하기로 한 것을 계기로 정치권과 사회 각계에서 "이제는 대체 복무제를 도입할 때가 됐다."라는 공감대가 이뤄지기 시작했다. 유엔 인권이사회와 유엔 자유권규약위원회도 그 무렵 꾸준히 한국 정부에 양심적 병역 거부를 인정하라고 권고했다.

　결국, 국방부도 '국민적 합의를 전제로 한다면……'이란 꼬리를 붙이면서도 대체 복무제를 들이는 방안을 찾아보겠다고 밝혔다. 하지만 정권이 바뀌자 없던 일처럼 됐다. 국회에서도 대체 복무를 다룬 병역법 개정안이 몇 차례 발의되긴 했으나 흐지부지 자동 폐기되었다. 그럴 때마다 대체 복무를 바라던 양심적 병역 거부자들은 실망할 수밖에 없었다.

　2018년의 두 가지 주요한 결정(대체 복무 제도 입법을 끌어낸 헌법재판소의 결정, 병역 거부가 양심에 따른 것이라면 유죄가 될 수 없다는 대법원의 판결)이 내려지기까지는 이렇듯 많은 시간이 걸렸다. 그동안 병역 거부자 개인들 그리고 법정 투쟁을 도운 변호사들, 이들과 함께 대체 복무 제도를 마련하려고 노력

▌ 2018년 6월 헌법재판소가 대체 복무제 도입이 바람직하다는 결정을 내놓자, 시민 단체들이 모여 구체적 방안을 밝히고 있다.

했던 시민 단체와 인권 운동가들의 노력이 없었다면, 2018년의 결정은 아마도 더 많은 시간을 기다려야 했을지 모른다.

돌이켜 보면, 정치권에서도 몇몇 국회의원들이 병역 거부자에 대한 대체 복무 제도 입법을 추진했었다. 하지만 여호와의 증인을 이단으로 여기는 보수 기독교계의 반발이 거셌다. 지역구의 표와 정치 자금을 의식해야 하는 터라 국회에서의 대체 복무제 입법 움직임은 수그러들었다. '민주사회를 위한 변호사 모임' 소속 변호사들과 인권 운동가들은 유엔 인권이사회에 참석하여 한국의 병역 거부 문제를 알리며 대체 복무제 도입을 위해 국제 사회에 도움을 청하기도 했다.

조금씩 분위기가 바뀌기 시작했다. 남북 분단 상황에 따른 안보 위협, 군 복무에 대한 형평성 등을 이유로 "양심적 병역 거부라니 무슨 소리냐? 그들을 위한 대체 복무제를 도입해선 안 된다."라고 주장하던 사람들 사이에도 조금씩 변화가 생겨났다. "무작정 병역 거부자들을 잡아들여 감옥에 보내지 말고, 그들이 말하는 대로 대체 복무를 시킬 수도 있지 않겠는가?" 하는 의견에 고개를 끄덕이는 사람들이 늘어났다.

2018년 6월 헌법재판소가 대체 복무의 길을 열어젖히고, 같은 해 11월 대법원에서 양심적 병역 거부를 인정하는 전향적인 판결이 나옴으로써, 자연스레 대체 복무제가 국민의 관심사로 떠올랐다. 요점은 어디서 얼마 동안 할 것인가. 국방부는 '양심적 병역 거부'라는 용어 말고 '종교적 신앙 등에 따른 병역 거부'라는 용어를 쓰면서, '육군 현역병 복무 기간의 두 배인 36개월 동안 교도소에서 근무하도록 한다.'라는 쪽으로 결정했다.

이를 두고 "국방부가 징벌적 성격의 대체 복무를 밀어붙이는 것이 아니

▎ 정부가 내놓은 교도소 3년 근무 대체 복무제에 반대하는 시위 ©전쟁없는세상

냐?"라는 목소리도 여기저기서 터져 나왔다. 그동안 양심적 병역 거부자들의 법정 투쟁을 뒤에서 도와온 시민 단체들은 '치매 노인 돌봄, 장애인 활동 지원 등의 영역에서 현역 육군 복무 기간의 1.5배 이내로 일하는 방안'을 대체 복무 안으로 내놓았으나 받아들여지지 않았다.

양심적 병역 거부를 많이 받아들여 대체 복무제를 늘리기 시작하면 병역 비리도 덩달아 더 늘어날 것을 걱정하는 사람들도 있다. 그러나 지난날의 사례를 보면, 아들을 현역병으로 보내지 않으려는 병역 비리는 권력이나 금력(돈)을 지닌 계층에서 훨씬 많이 저질러졌다. 그렇다고 그들이 대체 복무제에 유혹을 느끼고 병역 비리를 저지르진 않을 것이다. 교도소에서의 지원 업무로 3년을 보내야 하는 것이 쉬운 일은 아니기 때문이다.

아무튼, 분명한 사실이 하나 있다. 지난날 개인의 신념과 판단에 따라 군대에 가지 않으려던 젊은이들은 군대냐, 감옥이냐를 골라야 했던 깊은 실존적인 고민을 더는 하지 않아도 된다는 사실이다.

간추려 보기

- 2018년 6월 헌법재판소가 "대체 복무 없는 병역법은 위헌"이라는 결정을 내렸다.
- 2018년 11월 양심적 병역 거부자가 입영을 거부한 사건에 관해 대법원이 무죄 판결을 내렸다. 이는 대체 복무제가 있든 없든 '정당한 사유'만 있다면 양심적 병역 거부를 인정한다는 의의를 지녔다.
- 양심적 병역 거부자를 36개월 동안 교도소에서 근무시키려는 대체 복무제를 국방부가 결정하면서, 대체 복무제의 징벌적 성격에 관한 논란이 여전하다.

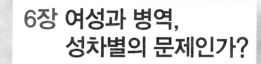

6장 여성과 병역,
성차별의 문제인가?

"**전쟁은** 남자들의 일이지, 여자들이 끼어들 일이 아니다." 19세기 미국에서 일어난 남북전쟁을 무대로 한 영화 〈바람과 함께 사라지다〉에 나오는 대사다. 국가가 지닌 모든 자원(돈과 인력, 석유와 철강을 비롯한 물자 등)을 쏟아붓는 총력전을 특징으로 하는 현대 전쟁에서는 위의 대사가 이렇게 바뀐다. "전쟁은 남자들의 일이지만, 여자들도 한몫한다." 현대 전쟁은 후방과 전선의 개념을 허물어뜨렸다. 미사일이 날고 전폭기가 뜨는 공습 전술은 후방도 언제든 전선이 될 수 있게끔 했다. 여성이 후방에서 뜨개질하면서 군에 간 남자를 기다리는 시대는 끝났다.

아주 오래전 구석기 시대나 신석기 시대부터 남성은 사냥하거나 물고기를 잡는 등 먹을거리를 구해 오고 다른 씨족이나 부족에 맞서 싸우는 역할을 맡았다. 여성은 아이들을 돌보고 나무 열매를 따는 등으로 식량을 마련하고 밥을 지었다. 여성이 맹수나 외적을 상대로 위험한 싸움을 하지 않은 까닭은 두 가지로 풀이된다. 하나는 남성보다 힘이 약한 신체적인 조건 때문이고, 다른 하나는 모계 사회에서 여성의 목숨을 지키는 것이 중요했기 때문이다. 외적과의 싸움에서 남성이 많이 죽었을 때도 여성들이 살아남는다면, 아이를 낳아 씨족이나 부족의 머릿수를 회복할 수 있다.

■ 미군 여자 헌병 훈련생이 팔꿈치 타격 훈련을 받으며 힘들어하고 있다. ©쿠바 관타나모 미군 기지

　이런저런 이유로 전쟁과 같은 위험한 일은 오랫동안 남성의 몫이었다. 나폴레옹 시대의 유럽 전쟁을 비롯하여 19세기만 해도 전쟁 희생자의 90%가 군인이었다. 하지만 과학기술의 진보는 전쟁의 양상에도 영향을 끼쳤다. 군사 과학기술은 더욱 가볍고 살상력이 높은 무기들을 만들어냈고, 여성도 쉽게 그런 무기를 다루게 됐다. 여성도 가해자로 나설 수 있는 것이 현대 전쟁이다. 전쟁에서 여성이 더는 허약한 존재가 아니다. 가벼운 소형 무기들이 널리 보급되면서 여성의 전투 참여가 많이 늘어났다. 소년병 숫자가 늘어난 것도 마찬가지 이유다.

히틀러, "여성은 미래의 독일 전사 잘 키워야!"

총력전을 펼치는 현대 전쟁에서 전쟁은 남성들만의 큰일이 아니다. 많은 여성이 전선에 뛰어들거나 정보·군수·병참 등 2선에서 전쟁을 돕는다. 이스라엘의 오랜 군사적 지배로 고통을 받은 팔레스타인, 러시아에서 분리 독립을 꿈꾸는 체첸 같은 분쟁 지역에서는 자폭테러의 행동대원으로 나서는 전투적 여성도 있다.

여성이 본격적으로 전쟁에 참여한 것은 제1차 세계대전(1914~1918) 때로 기록된다. 영국군 안에는 10만 명의 여군이 있었다. 이들 가운데 절반은 간호병으로, 최전선에서 싸운 여군은 거의 없다. 제2차 세계대전(1939~1945) 초기 영국이 독일의 공세에 몰리던 1941년 윈스턴 처칠 영국 총리는 병역법을 고쳐 여성도 징집할 수 있도록 했다. 19살에서 30살 사이의 미혼녀, 아이가 없는 독신녀(나중엔 43세로 연장) 750만 명이 국가의 부름을 받아 군수공장 등에서 일했다. 이 가운데 45만 명은 군복을 입고 군대로 들어갔다. 이에 비해 아돌프 히틀러는 "여성들은 미래의 독일 전사를 잘 키워야 한다."라면서 여성을 징집하지 않았다.

▌수색 작전에 나갈 채비를 하는 이스라엘 여군 ⓒ이스라엘 국방부

제2차 세계대전 때 소련 여군의 모습이 매우 눈에 띈다. 보병은 물론 전투기 조종사, 탱크병, 저격수, 정치

장교 등 여러 분야에서 '사회주의 모국'을 지키는 데 한몫했다. 소련군 전투기 조종사의 12%가 여성이었다(소련군 안의 여군 비율은 8%). 소련은 여군을 강제 징집하진 않았다. 지원자들 가운데 신체 적격자를 훈련해 전투원으로 활용했다. 대부분의 소련 여성은 군수공장 노동자 등으로 후방에서 일했다.

지구촌의 여러 분쟁 지역을 살펴보면, 많은 여성이 비정규군으로서 AK-47 소총 등을 들고 적에 맞서 전투를 벌였다. 이들 비정규 무장조직은 민병대, 게릴라, 시민군 등 여러 이름으로 일컬어진다. 특히 병력 충원에서 어려움을 겪는 소수민족일수록 여성의 비율이 높다. 인도양의 작은 섬나라 스리랑카의 반군 타밀 타이거 해방 전선(LTTE)이 그러했다. 국제적십자사가 펴낸 〈여성과 전쟁〉 보고서에 따르면, LTTE 병력 가운데 3분의 1이 여성이었다. LTTE는 정부군에 맞서 힘든 싸움을 벌이면서 총을 들 정도의 힘만 있다면 반군으로 받아들였다.

아프리카 반군들도 여성 비율이 높다. 2000년 봄 시에라리온 내전 취재 때 봤던 반군 '혁명 연합전선'(RUF) 소속 여성들은 매우 인상적이었다. 거침없이 내뱉는 말투나 행동이 웬만한 남자를 주눅 들게 할 정도였다. 한마디로 활달해 보였다. 그 가운데 30대 초반의 여자 반군은 부하들이 보초를 서면서 담배를 피우며 키득거리자, "보초 똑바로 서라!"라며 매섭게 야단쳤다.

2003년 내전이 끝날 때까지 라이베리아에서도 많은 여성이 반군 '라이베리아 화합 민주연합'(LURD) 소속으로 전투에 뛰어들었다. 그 가운데 '검은 다이아몬드'라는 이름을 지닌 한 20대 초반의 여성 반군은 허리춤에 권총을 차고, 한 손에는 AK-47을 든 모습의 사진이 전 세계에 알려지기도 했다. 내전 중 부모를 잃었던 그녀는 1999년 정부군 병사들에게 강간을 당한 뒤 반군에 들어가 정부군에 맞서 싸웠다.

시에라리온이나 라이베리아 여성 반군의 경우에서 보듯, 아프리카 여성들이 반군으로서 총을 들고 전투에 뛰어드는 이유는 두 가지로 모인다. 첫째, 전쟁 중 흔히 여성에게 저질러지는 성폭력으로부터 자신을 지키고, 둘째, 전란 속에서 이렇다 할 생계수단이 없는 여성이 굶주림에서 벗어나기 위해서다. 사람의 목숨이 휴지처럼 가볍게 여겨지는 분쟁 지역에서 총을 지녔다는 것은 남을 죽이겠다는 것보다는 자신을 지켜내려는 보호 본능이 앞선다.

한국 여군 비율 5.5%, 이스라엘 여군은 33.3%

우리나라 국방부가 2018년에 내놓은 '해외 여군 현황' 자료에 따르면, 전세계 주요 43개 국가의 여군 평균 비율은 10.4%이다. 군인 10명 가운데 1명이

▌ 남녀 모두 징병 대상인 이스라엘에서는 여군이 군 병력의 30%를 차지한다.

여성인 셈이다. 한국군에서 여성이 차지하는 비율은 5.5%. 다른 나라에 견주어 여군 비율이 절반 정도에 그친다. 여성 징병제를 하는 이스라엘이 33.3%로 가장 높다. 그다음이 북유럽의 노르웨이로 17.3%다. 노르웨이도 여성 징병제를 한다. 모병제 국가 가운데는 태국이 22.8%로 가장 높고, 프랑스가 15.3%, 미국이 13%, 일본이 6%다.

국방부는 2022년까지 여군 비율을 8.8%로 올릴 계획이다. 군대에서의 여군 비율이 어느 정도가 적당하냐는 것은 토론 거리로 남는다. 군사전문가들은 "여성들이 군에 참여하는 것은 인구 절벽 시대를 맞아 군 개혁은 물론 젊은 여성들의 일자리 창출 기회이기도 하다."라면서 여군 비율을 높이자는 쪽이다. 여성 징병제를 하지 않더라도 지금의 여군 비율이 더 커지는 것이 군 개혁의 바람직한 방향이라는 것이다.

▌ 부하 사병을 격려하는 여군 장교. 국방부는 여군 비율을 8.8%로 높일 계획이다. ©대한민국 육군

북유럽 노르웨이와 스웨덴의 여성 징병제

❚ 징병제로 군에 들어간 노르웨이
여군이 첫 훈련을 받는 모습

유럽 국가 중에서 현재 여성 징병제를 하는 나라는 노르웨이와 스웨덴이다. 노르웨이가 2016년 7월부터, 스웨덴은 2018년 1월부터 여성을 징집했다. 이 두 나라가 여성 징병제를 하게 된 가장 큰 원인은 이웃 러시아의 군사적 위협이 안보에 부담을 준다고 여겼기 때문이다. 2014년 우크라이나와 크림반도에서 벌어진 유혈 사태를 지켜보면서, 유럽 국가들은 20년 넘게 이어져 온 탈냉전기의 평화가 금이 가고 있다는 위기감을 느꼈다. 특히 러시아와 국경선을 맞댄 노르웨이와 스웨덴 사람들이 느낀 위기감은 더 컸다. 결국, 두 나라는 그전까지의 모병제를 버리고 여성 징병을 포함한 징병제를 들여옴으로써 나라의 안보를 튼튼히 하려는 모습이다.

❚ 성 평등 의식이 높은 스웨덴은
여성도 징병 대상이다.

스웨덴은 예전에도 징병제를 했었지만 2010년 모병제로 바꾸었다. 그런데 기대했던 것보다 지원자 숫자가 적어 군대에서 필요로 하는 최소의 병력 충원이 쉽지 않았다. 2018년 다시 징병제로 돌아서면서 여성 징병까지 포함했다. 이는 노르웨이도 마찬가지다. 두 나라는 성 평등에 관한 감수성이 전 세계적으로 높기에, 여성 징병에 대해 이렇다 할 거부감은 없는 편이다.

▌징병제에 따라 군에 들어가 훈련 중인 스웨덴 여군

노르웨이와 스웨덴에서 군 복무 기간 12개월인 여성 징병제를 시행한다고 해서 두 나라의 모든 여성이 군대에 가는 것은 아니다. "군대가 총을 잡고 싸우는 집단이므로 나는 군대에 가기 싫다."라고 양심적 병역 거부를 한다면, 입대하지 않을 수 있다. 병역 거부를 했다고 처벌받지도 않는다. 이는 여성뿐 아니라 남성에게도 해당한다. 두 나라는 병역 거부권이 세계에서 가장 잘 인정받는 편이다.

스웨덴과 노르웨이 두 나라의 병무청은 해마다 18세 남녀를 대상으로 군대에 갈 뜻이 있는지를 물어본다. 이 조사 과정을 거쳐 군 복무 뜻을 밝힌 사람에게 먼저 징집 영장을 보낸다. 군에서 필요로 하는 목표 인원도 많지 않기 때문에, 굳이 군대 들어가라고 윽박지르는 분위기가 아니다. 사정이 그러므로 실제로 현역병으로 들어가는 사람이 5%도 안 된다.

양성 징병제에 따라 군에 입대한 여성들은 훈련이 힘들다거나 뭔가 못마땅하다고 불평하지는 않을까? 성 평등 의식이 자리 잡은 두 나라에선 여성이라고 다르게 대우하지 않고 여성도 그런 대우를 기대하지 않는다.

훈련도 같이 받고 생활관도 남녀가 함께 쓴다. 그런데도 여성의 90%는 군 생활 경험을 만족스럽게 받아들인다. 군대 다녀왔다는 경력이 취직에도 유리하다. 1948년 건국 뒤 줄곧 여성 징병을 해온 이스라엘에서는 군대 안의 성범죄와 성차별이 늘 문제였다. 스웨덴과 노르웨이에선 그런 문제가 거의 없다.

성 평등 개념이 널리 퍼짐에 따라 군대가 여성에게도 도전할 만한 직장으로 떠올랐다. 실제로 군에 들어가려는 여성들이 늘어났다. 국방부에 따르면, 여성 군 진입 경쟁률은 남성의 2배를 넘는다. 육군사관학교 모집 경쟁률을 볼 때 남성은 경쟁률이 떨어지고 있는 것과는 대조적으로 여성의 경쟁률은 점점 오르막을 보인다. 국방부의 〈국방통계연보〉에 따르면, 육군사관학교 모집 경쟁률은 2005년엔 여성이 34.9 대 1, 남성 18.9 대 1이었고, 2014년엔 여성 40.4 대 1, 남성 16.2 대 1이었다. 여성 경쟁률이 갈수록 높아가는 흐름이다. 국방부는 각 군 사관학교와 학군장교(ROTC), 부사관 등 선발 채널을 좀 더 여성들에게 개방함으로써 군의 여성 자원 비율을 늘릴 참이다.

여성도 군대 가야 하는가?

'여성 징병제'라 하면 여성만 징집하는 제도로 잘못 받아들일 수도 있다. 현실에서는 남녀 모두 군대에 가도록 하는 제도이므로 '양성 징병제'라 일컫는 것이 더 정확할 듯하다. 한국은 여성을 징병하지 않는다. 하지만 "성 평등 차원에서 여성도 국방 의무를 져야 한다면 군대에 가야 한다."라는 주장과

이에 맞선 반론 등으로 논쟁이 종종 벌어졌다. "유럽의 주요국들처럼 한국 군 안에서 여성 장교가 더 많아져야 하고 여성 국방부 장관도 나와야 한다."라는 주장도 들린다.

여성도 군에 가야 한다는 일부 남성들의 주장이 거세진 것은 **군 가산점 제도**의 폐지 논란과 맞물린다. 우리나라에서 여성 징병제가 논란이 되기 시작한 것은 1999년 무렵이다. 헌법재판소가 "군대 다녀온 남성들에게 보상 성격으로 주는 군 가산점은 위헌이다."라는 판결을 내린 것이 계기가 됐다. 군 가산점이 없어지자, 적지 않은 남성들이 취업 등에서 불이익을 받게 됐다고 불만을 품었다. 이들을 포함해 많은 남성은 "여성도 군대에 가야 한다. 남성만 징집 대상이 되는 것은 헌법이 정한 평등의 원칙에 어긋난다."라고 목소리를 높였다.

대한민국 헌법 제39조 제1항은 "모든 국민은 법률이 정하는 바에 의하여 국방의 의무를 진다."라고 돼 있다. 그리고 헌법 제39조 제2항은 '누구든지 병역 의무의 이행으로 인하여 불이익한 처우를 받지 아니한다.'라고 쓰여 있다. 여성 징병을 주장하는 사람들은 '모든 국민은 법률이 정하는 바에 의하여 국방의 의무를 진다.'라는 대한민국 헌법 제39조 제1항을 근거 삼아 병역법 제3조 제1항을 문제 삼는다. 이 조항은 '대한민국 국민인 남성은 헌법과 이 법에서 정하는 바에 따라 병역 의무를 성실히 수행하여야 한다. 여성은 지원에 의하여 현역 및 예비역으로만 복무할 수 있다.'라고 되어 있다.

남성에게만 병역 의무를 지도록 한 병역법 3조 1항이 문제가 있다고 헌법재판소에 '헌법소원'을 올린 사례가 지금껏 세 차례 있었다(2010년, 2011년, 2014년). 하지만 헌법재판소는 그때마다 "남성에게만 병역 의무를 지도록 한 것은 헌법에 어긋나지 않는다."라고 합헌 결정을 내렸다.

특히 2014년의 합헌 결정은 헌법재판소 재판관 전원이 입을 모아 내린 결정이었다. 재판관들은 "남성이 전투에 더 적합한 신체적 능력을 갖추었고, 신체적 능력이 뛰어난 여성도 생리적 특성이나 임신과 출산 등으로 훈련과 전투 관련 업무에 어려움이 있을 수 있다."라며 전투력 확보를 위해 남성만을 병역의무자로 정한 것이 잘못이라고 보기 어렵다는 견해를 밝혔다. 또한, 여성이 전시에 포로가 될 때 성적 학대를 비롯한 위험에 노출될 가능성이 더 크고, 여성 징병제를 하면 생기는 경제적 비용 부담이 크며, 징병제를 하는 다른 국가들의 일반적 상황 등을 고려할 때 "남성만이 병역 의무를 지는 것이 위헌이 될 수 없다."라고 판결했다.

많은 법조계 전문가들은 세 차례에 걸쳐 합헌 결정이 나온 만큼 앞으로 또 헌법소원이 있다고 한들 헌법재판소의 판결이 달라지지 않으리라고 본다. 앞으로도 남녀평등이라는 헌법의 가치 때문에 지금의 병역법이 논란이 될 가능성은 거의 없어 보인다.

청와대 청원, "여성도 병역 의무 져야!"

하지만 이러한 헌법재판소의 결정에도, "여성도 병역 의무를 져야 한다."라는 주장은 수그러들지 않는 모습이다. 누군가 한번 인터넷에 관련 글을 올렸다 하면 댓글이 적어도 수백 개씩 딸려 올라간다. 특히 2017년 여름 청와대 국민소통 광장 '국민 청원과 제안' 게시판에 "여성도 병역 의무를 수행하도록 법률이 개정되어야 한다."라며 여성 징병을 주장한 글이 올라왔다. 이 글은 하루 만에 '베스트 청원'에 올랐고, 1개월 만에 참여 인원이 12만 명

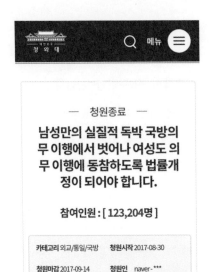

— 청원종료 —

남성만의 실질적 독박 국방의 무 이행에서 벗어나 여성도 의 무 이행에 동참하도록 법률개 정이 되어야 합니다.

참여인원 : [123,204명]

카테고리 외교/통일/국방   청원시작 2017-08-30
청원마감 2017-09-14   청원인 naver-***

▌2017년 8월 여성 징병을 주장하는 국민청원이 올라와 12만 명이 뜻을 함께해 화제를 모았다.

을 넘어서며 뜨거운 화제를 모았다.

청원자의 글을 요약하면 다음과 같다. "현재 대한민국은 북한과 중국, 일본, 러시아 등 강대국에 둘러싸여 있으므로 징병이 불가피하다. 저출산으로 말미암아 남성 대다수가 징병에 필요한 신체적 조건을 채우지 못하고도 현역으로 징집되고 있다. 지난날 여성단체의 양성평등 주장에 따라 군 가산점 혜택을 폐지했으므로, 여성들 또한 법률 개정을 통해 남성과 같은 군 복무를 해야 한다. 여성의 신체적 차이로 인해 징병이 되지 않는다면 여성 군 간부와 여경 모집 또한 중단되어야 한다."

이 청원 글을 올린 사람은 "남녀 갈등의 논란을 일으키기 위해, 또는 여성 혐오적 입장에서 청원을 낸 것도 아니다."라고 주장했지만, 그의 의도와는 달리 인터넷에서는 숱한 남성과 여성 사이에 격렬한 논쟁이 벌어졌다. 하지만 위의 청원은 대통령이 답해야 할 기준인 '1개월 동안 청원인 20만 명'에 못 미치는 12만 3천 명에 그치는 바람에 '찻잔 속의 태풍'으로 끝나 버렸다.

그러자 20만 명 청원을 목표로 해서 다시 비슷한 내용의 청원들이 청와대 홈페이지에 잇달아 올라갔다. 4차에 걸친 잇단 청원들은 대통령이 답변해야 할 기준인 '1개월 동안 청원인 20만 명' 기준선을 채우지 못했다. 하지만 이러한 잇단 청원은 그동안 잠복했던 여성 징병제 관련 논의에 불을 붙인 것이 사실이다. 여성 징병제에 관한 찬반 논란은 지금도 인터넷을 중심으로 뜨겁다.

여성 징병제를 찬성하는 남성들은 "같은 대한민국 국민인데 한 성별(남성)만 국방의 의무를 담당하는 것은 평등에 반하는 행위"라고 주장한다. 여성 징병은 진정한 남녀평등의 시작이라는 얘기다. "이스라엘 여자들은 남자와 똑같이 훈련받는다.", "여자는 국민이 아닌가? 권리를 누리려면 의무를 이행해야 한다고 배웠다."라고 목소리를 높이기도 했다. 이에 맞서 여성 징병제를 반대하는 사람들은 "여자가 군대를 보낸 것도 아닌데 왜 여성에게 시비를 거느냐?"라고 맞받아친다.

소수이긴 하지만 여성 징병제에 찬성하는 여성들도 있다. "남자, 여자가 아닌 각자 능력에 맞는 국방 의무를 해야 한다."라며 대체 복무제를 여성 쪽에 확대하자는 주장도 나온다. 남자와 똑같이 군대에 가지 않더라도 공공

❚ 여성도 군대 가야 한다며 피켓 시위를 벌이는 서울대 여학생들

집중탐구 군 가산점 제도 폐지를 이끈 여성들

군 가산점 제도는 언제부터 있었을까? 1961년 7월 5일에 나온 '군사원호 대상자 고용법'이 출발점이다. 박정희 군부는 5·16쿠데타로 권력을 잡은 직후에 군 가산점 제도를 만들었다. 이 법은 제대 군인에게 우선으로 일자리를 주겠다는 명분 아래, 7급과 9급 공무원 채용시험에서 가산점을 주도록 했다. 그 뒤 관련 법률 이름이 조금씩 바뀌다가 최종적으로는 '제대군인지원에 관한 법률'(1997)로 바뀌었다.

1999년 폐기되기까지 40년 가까이 이어져 오면서 뒤늦게야 논의 대상으로 떠오른 것은 오랫동안 한국에 자리 잡아 온 권위주의적 정치 체제와 관련이 깊다. 1990년대에 문민정부가 들어서면서 군 가산점 제도가 결국 도마 위에 올랐다. 1994년 6월 이화여대 교수와 학생 2천 명이 '군 복무 가산점 제도 폐지' 청원을 청와대와 총무처에 냈다. 여성단체들도 한목소리를 냈다. "군 가산점 제도는 여성에 대한 차별 정책이고 군 미필자에 대한 국가의 구조적인 차별 정책"이라고 비판하고 나섰다. 논의만 무성하던 군 가산점 제도에 결정타를 가한 주역이 이화여대 출신 여성들이었다.

1998년 10월 "7급 공무원 시험을 쳤다가 군 가산점 제도 탓에 떨어졌다."라고 주장하는 이화여대 졸업생 5명과 연세대 출신 장애인 1명이 공동명의로 "군 가산점 제도가 형평성에 어긋난다."라며 헌법재판소에 헌법소원을 냈다. 그러자 찬반 논란이 거세게 일었다. 남성들은 "우린 군대에서 3년을 썩었는데 아무런 보상도 받지 말란 말이냐?"라며 반발했다. 이화여대 관련 인터넷 게시판은 남자들의 욕설로 어지러웠다. 1905년 외교권을 일본에 넘겼던 을사오적에 빗대어 '이화 오적'이란 표현도 나왔다. 이런 논란 끝에 1999년 12월 헌법재판소는 "군 가산점 제도는 헌법에 위반된다."라는 결정을 내렸고, 군 가산점 제도가 사라졌다.

봉사든 어떤 방식으로 국방의 의무를 해야 한다는 의견이다. 하지만 국방부는 여성 징병제를 전혀 고려하지 않는 것으로 알려졌다.

군 가산점의 차별 논란

남녀를 가리지 않고 취업을 앞둔 젊은이들이 병역 문제와 관련해 얘기가 나오면 민감하게 반응하는 주제 가운데 하나가 군 가산점이다. 1990년대 후반 우리나라가 경제적으로 엄청난 위기를 겪었던 이른바 금융위기 사태(IMF 사태) 뒤로 젊은이들의 취업이 매우 어려워졌다. 잘 나가던 기업이 하루아침에 문을 닫는가 하면 대량 해고가 흔한 일이 되어 버렸다. 취업을 앞둔 젊은이들의 마음이 초조해졌고, 그래도 안정적이라는 생각에서 공무원 시험으로 몰렸다. 이른바 '공시족'들이다.

공무원 시험의 경쟁률이 수백 대 1, 수천 대 1로 치솟고 누군가는 합격선에서 아깝게 떨어지는 일들이 벌어지자, 전에는 별로 눈길을 받지 않았던 군 가산점 문제가 논란의 도마 위에 올랐다. 여성들은 군 가산점제가 여성에 대한 차별이라는 비판의 목소리를 냈다. 결국, 1999년 12월 23일 헌법재판소가 "군 가산점 제도는 헌법에 위반된다."라는 결정을 내렸다. 군 가산점이 없어지자 적지 않은 남성들이 신성한 국방의 의무를 다했다는 자긍심보다는 취업의 기회를 놓쳤다는 피해의식을 품었다. 군 가산점은 인터넷 공간에서 툭하면 남녀 사이의 논쟁거리로 올려졌고 그런 상황이 지금도 여전하다.

군 가산점 제도가 없어지기 전까지, '제대군인지원에 관한 법률' 제8조는 공무원이나 공기업 채용시험을 치를 때 과목별 만점의 3~5%를 더 주도록 했다. 현역으로 군을 다녀온 사람에겐 5%, 공익근무를 비롯해 2년 이하의 복무자에겐 3%의 가산점이 주어졌다. 만점이 100점이라면 적어도 3점, 많게는 5점이 오로지 군대에 다녀왔다는 이유로 더 주어졌다. 성적 0.1점이 합격과 불합격을 가르는 것이 시험이다. 그런 각박한 경쟁시험에서 군에 다녀오지 않은 여성이나 장애인을 비롯해 다른 남성 지원자들은 불이익을 받기 마련이었다.

"군대 2년이 잃어버린 시간 안 돼야!"

군 가산점 논란은 1999년 12월 23일 헌법재판소에서 결론이 났다. 헌법재판관 9명 모두가 한뜻으로 "제대 군인 가산점 제도는 헌법상의 근거가 없으며, 여성·신체장애인 등의 평등권 및 공무담임권이 침해되어 헌법에 어긋난다."라며 위헌 결정을 내렸다. 헌법재판소는 판결문에서 군 가산점 제도가 실질적으로 성차별을 하는 것이고, 현역으로 군에 가게 될지 어떨지는 징병검사에 따라 정하므로 병역 면제자와 보충역 복무자를 차별하는 제도라 비판했다.

헌법재판소의 위헌 결정으로 군 가산점 제도가 없어진 지 20년쯤이 흘렀다. 하지만 이를 둘러싼 논란이 수그러들기는커녕 지금도 여전하다. 군 가산점 부활을 주장하는 일부 남성들은 "여성도 군대에 가면 군 가산점 혜택을 볼 것 아니냐?"라고 주장한다. 하지만 국방부는 여성에 대한 강제 징집, 다시 말해 여성 징병제 도입을 전혀 고려하지 않고 있다.

군에 다녀온 남성들은 "2~3년 동안 국가를 위해 희생만 강요받았다. 남성이 역차별을 받는다."라고 목소리를 높인다. 이에 대해 여성들은 "군 가산점이 없어진 데 대한 제도적 보완을 마련해야 하는 정부에게 비난의 화살을 겨냥하지 않고, 여성에게 그 비난의 화살을 겨눠 남녀 갈등을 일으키고 나아가 사회갈등을 부추긴다."라고 안타까워한다.

군에 다녀온 사람에게 합당한 보상을 주려는 여러 의견이 나오지만, 대안을 마련하는 과정이 쉽지 않다. 한 제대 군인은 "2~3년 무임금이면 충분히 연금 받을 자격 있다. 60살 넘어서면 군인연금을 지급하라."라는 주장을 폈다. 군 복무 기간만큼 국가에서 나중에 연금으로 보상하라는 제안이다. 문제는 사회적 합의를 통한 대안 마련이 쉽지 않다는 점이다. 안상수 한국여성정책연구원 연구위원은 〈군 가산점 제도 재도입 추진의 전제와 주요 이슈〉라는 연구 보고서에서 이런 제안을 내놓았다.

"군 가산점 제도를 다시 도입하려는 것보다는 2년의 군 복무 기간이 '잃어버린 시간'이 되지 않도록 하는 것이 급선무이다. 제대 군인의 1%에도 못 미치는 극히 소수만 그 혜택을 볼 수 있는 제도를 다시 들여온다고 소모적인 논쟁을 거듭하기보다는, 제대 군인 모두에게 혜택이 돌아갈 수 있는 새로운 보상 대안을 찾는데 사회의 합의적 노력이 집중될 필요가 있다."

군 가산점 제도 자체는 "사회적 약자에 대한 기본권을 침해할 가능성이 크다."라면서 헌법재판소가 이미 위헌이라고 선언했다. 법적으로 이미 '사망 선고'를 받은 군 가산점 제도를 부활시켜야 한다고 고집하는 것이 옳은 방향은 아닐 것이다. 나라를 지키려고 2년이란 젊음의 시간을 바친 사람들을 위해 정부와 사회에서 어떤 방식으로든 더 배려하는 방법을 찾아내는 것이 옳은 길일 듯하다.

문제는 여성들이나 장애인들을 포함해 군대를 안 간 사람들도 모두 고개를 끄덕일 수 있는 대안을 마련하기가 쉽지 않다는 점이다. 한국뿐 아니라 세계 어느 나라에서든 성 평등 또는 성차별에 관련된 토론 주제는 마땅한 결론을 함께 끌어내기가 어렵다. 특히 취업 등 이해관계가 얽힌 주제라면 더욱 그렇다.

간추려 보기

- 국방부는 2022년까지 여군 비율을 8.8%로 올릴 계획이다. 군대에서의 여군 비율이 어느 정도가 적당할지는 여전히 쟁점이다.
- 남성에게만 병역 의무를 지도록 한 병역법 3조 1항에 대해 헌법소원이 세 차례 있었으나, 헌법재판소는 모두 합헌 결정을 내렸다.
- 오늘날까지도 종종 이야기되는 군 가산점 제도는 1999년에 헌법재판소로부터 위헌 결정을 받고 이미 폐지되었다.

글을 마치며

위험을 무릅쓰고 불난 집 안으로 뛰어 들어가 아이들을 살려내는 의인이 있는가 하면, 배 안의 학생들을 놔두고 남보다 먼저 해경 보트에 올라탄 세월호 선장 같은 사람도 있다. 우리 인간은 이기적인 존재인가, 아니면 자기희생적인 이타적 존재인가? 이는 철학자들이나 심리학자 사이에 오랫동안 논쟁거리로 남아 있다.

징병제냐, 모병제냐의 문제도 마찬가지로 논쟁거리다. 징병제 아래서 병역 의무를 다하기 위해 군대에 들어간다는 것은 일정 기간 자기희생을 뜻한다. 공공의 이익을 위해, 국가 안보를 지키기 위해 자신을 희생한다. 그렇지만 의무이기에 어쩔 수 없이 따를 뿐, 기꺼이 군대에 가는 젊은이는 많지 않을 것이다. 모병제 아래서는 다르다. 군인은 대우도 더 잘 받는 하나의 어엿한 직업인이다. 스스로 입대를 결심한 젊은이라면 훈련소로 들어가는 표정부터 다를 것이다.

우리가 두 발을 딛고 사는 한반도는 남북한 모두 징병제이다. 아들을 군대로 보내는 부모들의 무거운 마음은 남이나 북이나 크게 다르지 않을 것이다. 군사 훈련을 잘 견딜까, 몹쓸 선임병을 만나 괴로움을 겪지나 않을까……. 걱정은 끝이 없다. 훈련소로 아들이 입고 간 민간인 옷을 택배 상자로 받을 때, 많은 부모가 울컥하기 마련이다. 그 상자를 어루만지며 군대로 보낸 아들 생각에 다시 한번 눈물을 흘린다. 모병제 아래서 아들을 군대에 보낸다면 웃으며 상자를 받을까? 꼭 그렇진 않을 것이다.

루소가 한국에 살아있다면?

《사회계약론》으로 이름이 잘 알려진 18세기 프랑스의 계몽주의 철학자 장 자크 루소가 오늘날 한국에 살아있다면, 징병제 쪽에 손을 들어 줄 사람이다. 그는 《사회계약론》에서 "공공의 업무를 시민이 우선할 일로 여기지 않게 되면, 그리고 그것을 사람이 아닌 돈으로 해결하려 들면, 국가의 몰락이 가까워진다."라고 경고했다. 군인으로 전쟁터에 나가야 마땅할 때, 집에 머무르면서 돈으로 때우려 들면 안 된다는 말이다.

역사를 돌아보면, 로마제국이 그런 식으로 망했다. 그렇다고 군대 가기 싫어하는 젊은이의 손을 붙들고 루소나 로마제국을 꼽아가며 생각을 바꾸라고 윽박지를 수는 없다. 규율이 엄한 집단에 묻혀 개인의 자유를 잃는 데 대한 거부감이나 불안감은 우리 인간이 지닌 자연스러운 심성이다. 다행스러운 사실은 이 땅의 많은 젊은이가 병역을 남에게 떠넘길 수 없는 하나의 의무로 여긴다는 것이다. 그래서 꼼수를 부리거나 하지 않고 지금, 이 시각에도 훈련소로 발길을 옮기거나 마음의 준비를 하는 모습이다.

그렇다면 지금의 징병제를 그대로 둘 것인가, 아니면 모병제로 바꿀 것인가? 책에서 살핀 바와 같이 1990년대 초 냉전 체제가 무너진 뒤 징병제에서 모병제로 가는 것이 하나의 큰 흐름이었다. 실제로 영국, 독일, 프랑스 같은 주요국들은 모병제 아래서 군 병력을 줄이는 한편 더욱 현대화된 무기 체계와 전문화된 기술 요원을 확보하는 쪽으로 군을 개혁했다. 따라서 한국군 장교들 사이에서도 남북통일이 된 뒤이든 언제든 결국에는 모병제 쪽으로 갈 것이란 말들이 오간다.

부모들이 안심할 만한 병역 제도

모병제 쪽에 기운 사람들은 우리 인간의 자유 의지에 좀 더 무게를 두고 있고, 징병제가 그대로 이어져야 한다고 여기는 사람들의 무게 중심은 나라의 안보 쪽이다. 그 어느 쪽이 맞고 틀렸다고 말할 수는 없다. 언젠가 징병제를 없애더라도, 모병제에 따른 문제점(이를테면 예산의 부담, 병력 충원의 불확실성 등)을 최소화하는 방안을 찾아야 한다. 이미 모병제를 하는 다른 나라의 사례들이 참고 자료가 될 것이다. 단계적으로 조금씩 모병제로 바꾸어가는 개혁 방법을 생각해 볼 수도 있겠다.

부모들이 사랑하는 자식을 군대에 보낸 뒤 걱정이 되어 잠을 편히 못 자고 가슴 졸이는 일이 없는 병역 제도가 있다면 그것이 최선일 것이다. 징병제와 모병제 가운데 과연 어느 병역 제도가 21세기 지금의 한국 상황에 맞을까? 이 책을 읽으면서 우리의 현실에 어떤 제도가 맞을지, 아울러 한반도에서 전쟁 걱정 없이 평화롭게 사는 길이 무엇일지를 함께 생각해보았으면 한다.

용어 설명

관심 병사   군 생활에 적응하지 못하거나 심리적으로 문제가 있어 관심이 필요한 병사.

국민개병   모든 국민이 병역의 의무를 짐.

국방 예산   국가가 국토를 방위하는 데 쓰는 비용.

군 가산점 제도   공직이나 기업체 따위에서 사원을 채용할 때 군 복무를 한 남성들에게 가산점을 주던 제도. 1999년 위헌 결정을 받고 폐지되었다.

대체 복무   징병제를 실시하는 국가에서, 징병 대상자가 군과 관련되거나 법률상 군 복무로 인정되는 일로 군 복무를 대신 하는 일. 이를 위해서는 일정한 법률적 조건이나 한계에 해당하여야 하며, 해당자는 국가 기관이나 공익목적을 수행하는 각종 기관 등에서 사회 복무 요원으로 복무한다.

모병제   징병제와는 달리 지원자들로 군대를 유지하는 병역 제도.

병무청   중앙 행정 기관의 하나. 국방부 소속으로 징집, 소집 따위의 병무 행정에 관한 사무를 맡아본다.

병역   국민으로서 수행하여야 하는, 국가에 대한 군사적 의무.

병역 기피   병역을 꺼려서 피함.

병역 면제   장애자나 불치병 환자 등에 대하여 병역을 면제하는 일.

병역 특례   병역 의무가 있는 사람이 병역 의무를 지지 않는 특별한 예. 또는 지정된 연구 기관이나 산업체에 근무함으로써 병역 의무를 대체하도록 한 규정.

양심적 병역 거부   종교적 신조나 반전 사상적 입장에서 병역 의무를 거부하는 일.

용병   지원한 사람에게 봉급을 주어 병력에 복무하게 함. 또는 그렇게 고용한 병사.

징병제   국가가 국민 모두에게 강제적으로 병역의 의무를 지우는 의무 병역 제도.

연표

1949년	대한민국 정부가 병역법을 만들어 징병제를 시행했다.

1949년 대한민국 정부가 병역법을 만들어 징병제를 시행했다.

1950년 대한민국 최초의 징병 검사가 이뤄졌다.
이승만 정권의 대북 군사행동을 우려한 미국에 의해 징병제가 폐지되었으나, 한국전쟁으로 인해 징병제를 다시 들였다.

1961년 '군사원호 대상자 고용법'이라는 이름으로 군 가산점 제도가 시작되었다.

1973년 베트남 전쟁에서의 병역 기피를 마주한 미국이 징병제를 모병제로 바꿨다.

1984년 석사 장교 제도가 1992년까지 시행되었다. 전두환과 노태우의 아들들이 이 제도로 병역 특혜를 누려 논란이 되었다.

1991년 소련이 해체되었다. 냉전 체제의 붕괴는 유럽 국가들이 징병제에서 모병제로 전환하는 계기가 되었다.

1997년 이회창 후보의 두 아들이 병역 비리를 의심받아, 제15대 대통령 선거에서 이회창 후보가 패배했다.

1998년	20세 이전에 이중 국적이 된 사람은 22세 이전에, 20세 이후에 이중 국적을 갖게 된 사람은 2년 안에 하나의 국적만을 선택하도록 국적법이 개정되었다.
1999년	제대군인지원에 관한 법률(군 가산점 제도)이 위헌 결정을 받고 폐지되었다.
2001년	프랑스가 징병제에서 모병제로 병역 제도를 바꿨다. 9·11 테러를 겪은 미국이 테러와의 전쟁을 외치며 아프가니스탄을 공격했다.
2002년	가수 유승준이 공익근무를 3개월 앞두고 미국 시민권을 얻으면서 대한민국 국적을 포기하여 입국을 금지당했다. 이회창 후보의 두 아들이 병역을 면제받은 일이 제16대 대통령 선거에서 다시 이회창 후보를 패배로 몰았다. 병역 비리가 없었음이 곧 밝혀졌지만, 병역 문제에 관해 엄격한 민심이 재확인되었다.
2003년	미국이 이라크와 전쟁을 벌이면서 미군 지원자가 계속 줄었다.

2004년	프로야구 선수 56명의 병역 비리가 드러나 징역형을 선고하거나 병역 의무를 지게 했다.

2005년   국적법이 개정되었다. 법률적으로 외국인 남자가 아닌 한국 남자
는 만 18세가 되는 해의 3월 31일까지 한국 국적을 포기해야 한
다. 그렇지 않으면 37살을 넘기기 전까지는 한국에서의 병역 의무
가 따른다.

2007년   가수 싸이가 산업기능 요원으로서의 34개월 복무에 불성실했던
혐의를 추궁받아 현역병으로 다시 입대했다.

2011년   독일이 징병제에서 모병제로 병역 제도를 바꿨다.

2014년   남성에게만 병역 의무를 지도록 한 병역법 3조 1항에 관해 헌법재
판소 재판관 전원이 합헌 결정을 내렸다. 2010년과 2011년에 이어
세 번째 합헌 결정이었다.

2015년   힙합 가수 김우주가 정신질환을 이유로 병역을 기피하려다 징역
1년을 선고받았다.

2016년	병역법이 개정되면서 징병 검사가 병역판정 검사로 이름이 바뀌었다.
	국방부가 전환 복무를 2023년까지만 유지하고 없애겠다고 발표했다.
	북한 인민무력성이 군 복무 기간을 남성 10년, 여성 5년으로 바꿨다.
	노르웨이가 여성 징병제를 들였다.
2018년	방탄소년단(BTS)과 아시안게임 금메달리스트인 손흥민(축구), 오지환(야구) 등을 둘러싼 병역 특례 논란이 불거졌다.
	2010년에 모병제를 들였던 스웨덴이 징병제로 돌아가면서 여성 징병제까지 시행했다.
	대만이 징병제에서 모병제로 병역 제도를 바꿨다.
	6월, 헌법재판소가 "양심적 병역 거부자를 위한 대체 복무 방안을 마련해놓지 않은 지금의 병역법은 위헌이다."라는 결정을 내렸다.
	11월, 양심적 병역 거부가 '정당한 사유'에 인정된다면 무죄일 뿐, 대체 복무제의 마련 여부와는 관계 없다는 취지의 대법원판결이 나왔다.

찾아보기

내인생의책은 한 권의 책을 만들 때마다
우리 아이들이 나중에 자라 이 책이 '내 인생의 책'이라고 말할 수 있는 책을 만들고자 합니다.

세상에 대하여 우리가 더 잘 알아야 할 교양

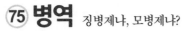 **75 병역** 징병제냐, 모병제냐?

김재명 지음

초판 인쇄일 2019년 9월 19일 | 초판 발행일 2019년 10월 1일
펴낸이 조기룡 | 펴낸곳 내인생의책 | 등록번호 제10-2315호
주소 서울시 성동구 연무장5가길 7 현대테라스타워 E동 1403호
전화 02) 335-0449, 335-0445(편집) | 팩스 02) 6499-1165
편집 백재운 | 디자인 황경실 | 마케팅 한하람

ISBN 979-11-5723-549-0 (44300)
      979-11-5723-416-5 (세트)

이 도서의 국립중앙도서관 출판예정도서목록(CIP)은 서지정보유통지원시스템 홈페이지(http://seoji.nl.go.kr)와
국가자료종합목록 구축시스템(http://kolis-net.nl.go.kr)에서 이용하실 수 있습니다.(CIP제어번호:2019031892)

내인생의책에서는 참신한 발상, 따뜻한 시선을 가진 원고를 기다리고 있습니다.
원고는 나무의 목숨값에 해당하는 가치를 지녔으면 합니다.
원고는 내인생의책 전자우편이나 홈페이지를 이용해 보내 주세요.

전자 우편 bookinmylife@naver.com | **홈페이지** http://bookinmylife.com

어린이제품 안전 특별법에 의한 제품 표시
제조자명 내인생의책 | **제조 연월** 2019년 10월 | **제조국** 대한민국 | **사용연령** 5세 이상 어린이 제품
주소 및 연락처 서울시 성동구 연무장5가길 7 현대테라스타워 E동 1403호   02) 335-0449 | **담당 편집자** 백재운